Professionelles Verhandeln

AF172711

Thomas Söbbing · Dorothea Engel

Professionelles Verhandeln

Strukturen erkennen, Verhandlungsführung planen, optimale Lösungen
finden

Thomas Söbbing
Wiesbaden, Hessen, Deutschland

Dorothea Engel
's-Gravenhage, Niederlande

ISBN 978-3-658-44273-6   ISBN 978-3-658-44274-3   (eBook)
https://doi.org/10.1007/978-3-658-44274-3

Die Deutsche Nationalbibliothek verzeichnet diese Publikation in der Deutschen Nationalbibliografie; detaillierte bibliografische Daten sind im Internet über https://portal.dnb.de abrufbar.

Planung/Lektorat: Stefanie Winter
Springer Gabler ist ein Imprint der eingetragenen Gesellschaft Springer Fachmedien Wiesbaden GmbH und ist ein Teil von Springer Nature.
Die Anschrift der Gesellschaft ist: Abraham-Lincoln-Str. 46, 65189 Wiesbaden, Germany

Wenn Sie dieses Produkt entsorgen, geben Sie das Papier bitte zum Recycling.

Vorwort

Wie führen jeden Tagen Verhandlungen, sei es im privaten oder im beruflichen Umfeld. Aber wir machen uns häufig wenig Gedanken darüber, wie man besser verhandelt, vor allem wie man professionell verhandeln könnte. Dabei wird nirgendwo so viel Geld, Zeit und Emotionen verloren, wie bei schlechten Verhandlungen. Es gibt zahlreiche Literatur und Seminarangebote zum Thema Verhandlungen. Warum also dann noch dieses Buch?

Nun, wir wollen mit diesem Buch anders sein. Dieses Buch ist kein Ratgeber für Verhandlungen in Extremsituationen, wie z. B. Entführungen und auch kein Kommunikationsratgeber für Verhandlungen im privaten Umfeld. Uns geht es um Verhandlungen im beruflichen Kontext. Ihnen geht es vermutlich ähnlich wie uns: Sie sind Mitarbeitende in einem Unternehmen, einer Behörde oder auch einer Kanzlei und beschäftigen sich sehr häufig mit Verhandlungen mit Dienstleistern, Kunden oder anderen Dritten. Sie suchen nach Möglichkeiten, sich zu verbessern und würden gerne den nächsten großen Schritt machen. Die Autoren haben beide über 20 Jahre Verhandlungserfahrungen gesammelt und dabei irgendwann mal gemerkt, dass Verhandlungen in der Regel immer einer gewissen Struktur (Verhandeln in drei Akten) folgen und dass man in Verhandlungen häufig auf den falschen Schwerpunkt setzt. Gerade im Deutschen Kulturkreis meint man den anderen immer von der Richtigkeit seiner oder ihrer Argumente überzeugen zu müssen, anstatt den Schwerpunkt auf mögliche Lösungsmöglichkeiten zu setzen.

Uns fasziniert das Thema Verhandlungen nicht nur aus beruflichen Gründen. Es fing schon früh an, als der Autor von seinem Vater als Kind mit zu Pferdemärkten mitgenommen wurde und dort schon die sehr eigenwilligen Verkaufsverhandlungen als Zuschauer beobachtete. Später die Dissertation über das Thema „Warum scheitern Vertragsverhandlungen?" und damit verbunden die akademische Auseinandersetzung mit vier sehr großen Verhandlungen. Die Autoren haben selbst diverse Trainings zu Verhandlungsführung besucht, u. a. das Harvard Negotiations Institute an der Harvard Law School in Cambridge/MA. Verhandlungen zu führen ist heute eine Kernaufgabe unserer Jobs, wobei wir nicht nur mit großen DAX-Unternehmen verhandelt haben, sondern auch mit vielen internationalen Kunden und Lieferanten zu den unterschiedlichsten Themen.

Heute halten wir darüber hinaus regelmäßig Workshops zum Thema Verhandlungen und sind aufgrund all unserer Erfahrungen zu dem Schluss gekommen, dass interessante und vor allem gute Verhandlungen wie ein großes Spiel sind, ein Theaterstück, oft in der Form eines Dramas, welches leider viel zu wenig Aufmerksamkeit genießt. Das Publikum applaudiert niemals und der Erfolg ist schnell vergessen, während der Misserfolg noch ein wenig länger nachhängt.

Wir haben in Verhandlungen schon geschwitzt, uns geärgert über die eigenen Mitstreiter, aber genauso über die andere Seite. Haben Angst gehabt und sind auch schon mal angebrüllt worden. Das passiert auch professionellen Verhandlungsführern. Aber vor allem haben uns Verhandlungen viel Freude bereitet, wir haben viel gelacht und sogar Freundschaften fürs Leben geschlossen. Mit Verhandlungen ist es ähnlich wie mit Fahrradfahren: Es braucht ein bisschen Übung und Erfahrung, damit auch das freihändige Fahren klappt und unvorhergesehene Situationen ohne viel Aufhebens gemeistert werden.

In diesem Buch wollen wir Ihnen eine Struktur zeigen, die wir über viele Jahre und viele Verhandlungen hinweg erarbeitet haben, und hoffen, dass Sie ebenso wie wir Verhandlungen als gute Theaterstücke erleben, in denen Sie in der 1. Reihe sitzen.

An dieser Stelle möchten wir uns ganz besonders bei unserem Grafiker Mono Becker danken, der mit besonderer Geduld unsere zahlreichen Änderungswünsche ertragen hat und dennoch so schöne Grafiken erstellt hat.

Im Januar 2024

Thomas Söbbing
Dorothea Engel

Inhaltsverzeichnis

1

Einführung

Nun geht es zum eigentlichen Thema, dafür sollten Sie sich zunächst folgende Situation vorstellen:

1.1 Der Autokauf

Ihr bisheriger fahrbarer Untersatz hat kürzlich bei einem Unfall Total-schaden erlitten und Sie sind deshalb auf der Suche nach einem pas-senden Ersatz. Sie finden in einem Internet-Portal eine Anzeige mit einem blauen Kleinwagen, der gut zu Ihnen und Ihrem Budget passt. Kein Porsche, sondern ein seriöser gebrauchter Kleinwagen. Sie kon-taktieren den Autoverkäufer, der nett und aufmerksam ist. Sie entschei-den sich, das Auto zu kaufen und einigen sich mit dem Autoverkäufer auch irgendwie durch Feilschen auf einen Preis. Beim Vertrag (Sie sind kein Jurist) haben Sie ein schlechtes Gefühl, da Ihnen das Verstehen des „Juristendeutsch" schwerfällt. Deshalb sind Sie sehr froh, als der Auto-verkäufer die Verwendung eines Standard-ADAC-Kaufvertrages, wie in Abb. 1.1 beispielhaft gezeigt, vorschlägt. Sie lesen den Vertrag kurz durch und finden nichts Schlimmes, denn im Grunde vertrauen Sie

© Der/die Autor(en), exklusiv lizenziert an Springer Fachmedien Wiesbaden GmbH, ein Teil von Springer Nature 2024
T. Söbbing und D. Engel, *Professionelles Verhandeln*,
https://doi.org/10.1007/978-3-658-44274-3_1

Abb. 1.1 Musterkaufvertrag vom ADAC[1]

dem ADAC. Sie zahlen also den Kaufpreis und weil sie es etwas eilig haben, einigen Sie sich mit dem Verkäufer darauf, dass Sie den Wagen am nächsten Tag abholen. Er meldet für Sie auch das Auto an, schraubt die neuen Kennzeichen an und möchte das Fahrzeug auch noch einmal richtig sauber machen.

Am nächsten Tag wollen Sie das Auto abholen und sehen Ihr Fahrzeug, wie in Abb. 1.2 dargestellt:

Wie reagieren Sie?

- Sie sind wütend und stellen den Autoverkäufer zur Rede?

Oder

- nehmen es hin, dass er Ihnen grinsend noch einen Satz Reifen verkaufen will?

Natürlich werden Sie sich für die 1. Variante entscheiden, auch wenn Ihnen das ggf. sehr schwerfallen sollte. Sie haben gerade das Gefühl, dass Sie der Autoverkäufer über den Tisch ziehen will, und diese Emotionen machen Sie stark.

Nun, wie werden Sie argumentieren? Emotional und ggf. beleidigend? Sie werden drohen: mit einem Anwalt, „Inkasso Moskau", etc.? Lässt sich davon ein abgebrühter Autoverkäufer beeindrucken? Eher

Abb. 1.2 Der Autokauf. (Quellenangabe: makam1969- stock.adobe.com)

nicht. Er hatte von Anfang an vor, Sie über den Tisch zu ziehen. Glauben Sie nicht auch, dass er seine Vorgehensweise nicht schon einmal angewendet hat und daher weiß, wie ein privater Autokäufer normalerweise darauf reagieren wird? Er wird Ihnen entgegenhalten, dass Sie den Vertrag unterschrieben haben und dass im Vertrag nichts davon steht, dass das verkaufte Auto über 4 Reifen verfügt. Vielleicht bringt er noch das Argument ein, dass früher bei einer Trabi-Bestellung immer die Räder extra bestellt werden mussten.

Viele unserer Schulungen zum Thema Verhandlungen beginnen mit diesem oder einem ähnlichen Foto. Einige Teilnehmende denken noch vor dem Besuch der Schulung: „Na ja, mal gucken, was die Dozenten so erzählen; ich lasse mich erst einmal berauschen." (Kinofeeling). Aber gleich schon mitmachen ist doof und dann noch so eine Geschichte. Und der eine Dozent ist auch noch so ein Schnösel (Professor und Studium in Harvard und Oxford). Einige Teilnehmende fühlen sich genervt; einige sehen in dem Dozenten den unsympathischen Schnösel, ein Feindbild. Glauben Sie uns, genau das alles ist gewollt und Teil des Lerneffekts. Wir merken, wie sehr sich Teilnehmende in das Thema hineinsteigern und wir müssen als Dozenten aufpassen, dass nicht gleich zu Beginn des Seminars die Stimmung kippt.

Nun fangen Sie einmal an, nicht aus dem Bauch heraus zu argumentieren, sondern überlegen Sie sich Argumente, warum der Autohändler Unrecht hat. Eigentlich hat er nur ein Argument „Es steht von den Reifen nichts im Vertrag". Das ist zwar recht eindeutig, aber nur ein einziges Argument. Durch die Kraft Ihrer Emotionen, die Sie nur noch auf den rechten Weg leiten müssen, sind Sie wirklich stark. Hier eine kleine Hilfe:

- Ein Auto muss gem. § 1 StVO verkehrstüchtig sein und für alle Beteiligten war eindeutig, dass das Auto zum Fahren gekauft wurde und nicht z. B. zum Ausschlachten.
- § 434 BGB (Sachmängelhaftung)
- Treu und Glauben, §§ 242, 157 BGB (Verkehrssitte)
- Gattungsschuld, § 243 BGB

Während der Schulung lassen wir die Teilnehmenden natürlich gewinnen und mit diesem ersten Erfolg am Tag lässt sich der weitere Tag gut angehen (Motivation ist wichtig). Wichtig ist aber, dass folgendes hängen bleibt:

- Es lohnt sich, für die richtige Sache zu kämpfen.
- Emotionen geben uns Kraft – wenn man sie richtig nutzt!
- Wir müssen diese Emotionen nutzen, um die richtigen Argumente zu finden.

1.2 Die Situation nach Vertragsabschluss

Nach Vertragsschluss kann es vorkommen, dass die Vorstellungen der Vertragsparteien, was geliefert oder geleistet werden soll, auseinanderfallen. In diesen Fällen wird dann der Vertrag herangezogen, um strittige

Fragen zu klären. Dabei sind dann häufige Herausforderungen nach Vertragsschluss:

- Unzureichende oder fehlende Regelungen in Verträgen;
- Nicht eindeutige Regelungen in Verträgen;
- Die Praxis weicht von vertraglichen Regelungen ab.

Wieso kommt es dazu? Muss das sein?

Was im Vertrag versprochen wurde und was dann tatsächlich geliefert wird, unterscheidet sich in vielen Fällen erheblich. Dazu ein sehr reales Beispiel aus der Praxis. Die Werbung verspricht einen Burger, wie in Abb. 1.3 abgebildet.

Als Sie den Burger aus Ihrer Verpackung schälen, bietet sich Ihnen das in Abb. 1.4 gezeigte Bild.

Eindeutig entspricht der Burger aus der Werbung (dem Vertrag?) nicht der tatsächlichen Lieferung.

In solchen Fällen trifft man dann auf eine der folgenden Aussagen:

- Der Vertrag ist schlecht bzw. ungünstig für mindestens eine der Parteien; oder
- es wurde vergessen, etwas im Vertrag zu regeln; oder
- ein Thema sollte nachträglich noch geregelt werden; oder
- die Formulierungen sind aus der Sicht einer Partei schlecht bzw. ungünstig.

Abb. 1.3 Burger in der Werbung. (Quellenangabe: Mara Zemgaliete- stock. adobe.com)

Abb. 1.4 Burger auf dem Teller. (Quellenangabe: savcoco- stock.adobe.com)

Man könnte der Meinung sein, dass die Rechtswissenschaft eine ähnlich verlässliche Wissenschaft ist wie z. B. die Physik oder die Mathematik, wo das Ergebnis von 1 + 1 immer 2 ist. Dem ist leider nicht so. Gerne hört man Sätze wie „2 Juristen, 3 Meinungen". Das bedeutet, dass es häufig nicht nur die eine richtige Antwort auf eine Fragestellung gibt.

In der Rechtswissenschaft gilt folgender Grundsatz: Es gibt keinen rechtsfreien Raum; stattdessen bedient man sich der sogenannten Auslegung. Die juristische Auslegung von Verträgen soll dabei helfen, Fragen, wie „was war wirklich geschuldet?", „was genau musste der Lieferant liefern?" oder „musste auch der Auftraggeber etwas tun?", zu klären. Und an dieser Stelle beginnt das sogenannte Claim Management.

1.3   Claim Management

Claim Management – zu Deutsch „Nachforderungsmanagement" – ist gemäß DIN 69905 die „Überwachung und Beurteilung von Abweichungen bzw. Änderungen und deren wirtschaftlichen Folgen zwecks Ermittlung und Durchsetzung von Ansprüchen".

Das Nachforderungsmanagement gehört im Projektgeschäft sowohl zum Instrumentarium des Auftraggebers wie auch des Auftragnehmers. Dabei ist es das Ziel, die beim Vertragsabschluss nicht vorhersehbaren Ereignisse im Projektverlauf bzw. während der Laufzeit des Vertrages in ihren kommerziellen Folgen einvernehmlich zu klären.

Das Claim Management mündet daher häufig in ein sogenanntes Änderungsmanagement (Change Request Management): Sowohl dem Auftraggeber als auch dem Auftragnehmer ist zu Beginn bereits klar, dass der Projekt- bzw. Vertragsumfang im Laufe der Realisierung Änderungen erfahren wird. Daher definieren die Vertragsparteien im Vertrag Regelungen wie solche Änderungen behandelt werden. Es kann z. B. geregelt werden, dass bestimmte Änderungen als Standard-Änderungen vorab bereits festgelegt werden – inkl. Preis: Beim Hausbau könnte z. B. der Einbau von weiteren Waschbecken vorab definiert werden. Oder dass Änderungen, die aus Sicherheitsgründen erforderlich sind, vom Auftragnehmer sofort umzusetzen sind. Z. B. muss ein IT-Lieferant ein Software-Sicherheitspaket bereitstellen, um Sicherheitslücken in der Software zu schließen.

1.4 Erfolgreiche Claim Projekte

Insbesondere im Bereich der Großprojekte gab es in Deutschland in der jüngsten Vergangenheit zahlreiche erfolgreiche Claim Projekte – meist für den Auftragnehmer. Die meiste Aufmerksamkeit genießen natürlich die Projekte, bei denen es dem Auftragnehmer gelingt, auch mithilfe des Claim Managements, die ursprünglichen Kosten in die Höhe zu treiben und wo zusätzlich auch noch die ursprünglich vereinbarten Ablieferungstermine nicht eingehalten wurden.

Eines der bekanntesten Beispiele ist der Berliner Flughafen BER, zu sehen in Abb. 1.5, dessen Fertigstellung nach 14 Jahren Bauzeit im Jahr 2020 endlich fertig gestellt werden konnte. Ursprünglich war der Start des Flugbetriebs für Ende 2011 vorgesehen gewesen. Auch die Baukosten haben sich erheblich erhöht aus ursprünglich geplanten 1,9 Mrd. EUR beliefen sich die Baukosten für die erste Ausbaustufe schließlich auf 5,9 Mrd. EUR.[2] Auch wenn es auf den ersten Blick so aussieht, als würde allein der Auftraggeber, am Ende also der Steuerzahler, die Mehrkosten tragen müssen, so gab es auch ausstehende Handwerkerrechnungen in Höhe von 400 Mio. EUR und zahlreiche Klagen auf Schadensersatz wegen der verspäteten Eröffnung.

Abb. 1.5 Berliner Flughafen. (Quellenangabe: Achim Wagner- stock.adobe. com)

Oder erinnern Sie sich noch an Toll Collect? Das in Abb. 1.8 abgebildete Logo haben Sie sicherlich schon mal irgendwo gesehen. Das Projekt zur Einführung der LKW-Maut in Deutschland? Die Firmen Daimler und Telekom nutzen ihr Monopol aus: In Geheimverträgen mit dem Bund sichern sich die Toll-Collect-Gesellschafter zusätzliche Prämien in dreistelliger Millionenhöhe.[3]

Allgemein bekannt dürfte auch das Projekt der Bischofsresidenz in Limburg sein (ein Foto ist in Abb. 1.6 zu sehen), vielleicht besser bekannt unter dem Namen „Protzbau". Hier kam es zu einer Kostensteigerung von 425 % und zu Mehrkosten von „nur" 25 Mio. EUR.[4]

Eins der bekanntesten Claim Projekte in Deutschland ist sicherlich die Elbphilharmonie, die wie in Abb. 1.7 rechts zu sehen, auf einem ehemaligen Speicher im Stadtteil HafenCity in Hamburg gebaut wurde. Die Fertigstellung der Elbphilharmonie war für das Jahr 2010 vorgesehen, verzögerte sich jedoch mehrfach. Durch die Verzögerungen und die Überschreitung der ursprünglich veranschlagten Baukosten wurde die Elbphilharmonie bereits lange vor der Fertigstellung bundesweit

Abb. 1.6 Bischofssitz in Limburg. (Quellenangabe: Birgit Reitz-Hofmann- stock. adobe.com)

Abb. 1.7 Elbphilharmonie. (Quellenangabe: Sina Ettmer- stock.adobe.com)

Abb. 1.8 Toll Collect. (Quellenangabe: nmann77- stock.adobe.com)

bekannt: Die Baukosten betrugen am Ende mit rund 866 Mio. EUR mehr als das elffache der mit ursprünglich 77 Mio. EUR geplanten Summe. Olaf Scholz soll persönlich mit Geschäftsführer von Hoch und Tief über einen festen Preis verhandelt haben.[5]

Auf der anderen Seite gibt es aber auch Projekte, die deutlich günstiger ausfielen als ursprünglich geplant. Wie z. B. die Sanierung eines Autobahnteilstücks der A8 zwischen Augsburg und München. Immerhin wurden hier 70 Mio. EUR eingespart.[6]

1.5 Ursachen und Folgen von Claims

Die im vorherigen Kapitel genannten Beispiele zeigen beim genaueren Hinsehen die Ursachen und die Folgen von Nachforderungsansprüchen (Claims) sehr deutlich auf.

Häufigste Ursachen von Claims sind:

- Neue Wünsche (z. B. Einbau einer Kapelle, wie im Fall des Limburger Projekts)
- Änderung von äußeren Umständen (z. B. durch geänderte technische Anforderungen muss eine bessere Lärmschutzklasse erreicht werden als ursprünglich angenommen)
- Ausführung von vertraglich nicht beschriebenen Leistungen.

Darüber hinaus können zusätzliche Arbeiten anfallen wegen:

- ungenauer oder fehlender Angaben im Vertrag/der Planung
- Fehlerhafte/nachbesserungsbedürftige Planung
- sonstige Mängel der Leistungsbeschreibung (z. B. unrichtige Schnittstellenbeschreibung)

Alle oben genannten Ursachen führen üblicherweise zu Vergütungsansprüchen und ggf. auch zu Fristverlängerungsansprüchen des Auftragnehmers. D. h. der Auftraggeber hat einen Anspruch auf Anpassung des Vertrages nach § 313 Abs. 1 BGB, aber er muss dem Auftraggeber seine ihm entstandenen Aufwendungen oder Schäden ersetzen. Wenn es sich lediglich um Wünsche des Bestellers handelt im Sinne „ich hätte da gerne noch einen 2. Balkon", dann muss sich der uftragnehmer nicht darauf einlassen!

1.6 Inscope/Outscope

Die häufigste Frage im Claim Management ist daher auch die Frage, ob eine Leistung vom Vertrag gedeckt ist oder nicht. D. h. ist sie ein Teil der Leistungserbringung und wird damit vom Lieferanten geschuldet oder muss der Kunde diese Leistung „neu" beauftragen.

Zusammengefasst ergibt sich dabei immer die Frage nach dem *Inscope* oder *Outscope* einer bestimmten Leistung. Wie in Abb. 1.9 dargestellt hängt es davon ab, auf welcher Seite Sie stehen. Stehen Sie auf der Seite des Kunden stehen, werden Sie eher zur Inscope (= günstig für den Kunden) tendieren. Stehen Sie dagegen auf der Seite des

Abb. 1.9 Claim Management – Balance halten zwischen „I" = Inscope und „O" = Outscope. (Quellenangabe: Mono Becker)

Lieferanten, tendieren Sie vermutlich eher zur Outscope (= günstig für den Lieferanten) Seite, um unnötige Kosten zu vermeiden.

Erst wenn zwischen den Parteien die Frage „Inscope oder Outsope?" geklärt wurde, greift das Change Management Verfahren. Das Change Management Verfahren sorgt dann dafür, dass eine bisher als Outscope definierte Leistung in einem geregelten Verfahren zu einer Inscope Leistung wird – gegen in der Regel entsprechende Kostenerstattung.

Hinweis: Ein Vertragsverhältnis, in dem häufig über Inscope bzw. Outscope gestritten wird und wo dann auch noch häufig dieselbe Partei einen Nachteil davonträgt, sind in der Regel keine langfristigen, partnerschaftlichen Vertragsverhältnisse, sondern werden häufig vorzeitig aufgelöst – mit für beide Parteien einhergehenden negativen Effekten.

2

Verhandeln in drei Akten

Sei es, dass Sie über einen neuen Vertrag verhandeln wollen, in einem bestehenden Vertragsverhältnis eigene Forderungen stellen oder sich Nachforderungen (Claims) ihres Vertragspartners ausgesetzt sehen: In der Regel werden Sie verhandeln, und zwar mit dem Ziel, möglichst effektiv und professionell zu einem guten Verhandlungsergebnis zu kommen – Sie sind schließlich Profi! Dazu ein erster wichtiger Hinweis: Verabschieden Sie sich von der Vorstellung, als alleiniger Sieger aus einer Verhandlung hervorgehen zu wollen. Gerade bei der Frage, ob eine Leistung Incsope oder Outscope ist, enden 95 % aller Streitigkeiten in einem Vergleich, d. h. die Parteien haben sich auf einen Kompromiss geeinigt.

Was aber ist eine effektive und professionelle Verhandlung? Nach der Vorstellung, die man weitläufig in Deutschland antrifft, ist das wahrscheinlich eine Verhandlung, die schnell, effektiv und gewinnbringend ist. Betrachtet man diese Aspekte einmal genau, so fragt man sich, was ist „gewinnbringend"? – Gewinnbringend nur für mich oder für beide Parteien (Win/Win)? Kurzfristiger oder langfristiger Gewinn? Was ist effektiv? Ist effektiv nur ein anderes Wort für „schnell"? Und wenn wir gerade bei dem Wort „schnell" sind, warum muss eine Verhandlung

© Der/die Autor(en), exklusiv lizenziert an Springer Fachmedien Wiesbaden GmbH, ein Teil von Springer Nature 2024
T. Söbbing und D. Engel, *Professionelles Verhandeln*,
https://doi.org/10.1007/978-3-658-44274-3_2

schnell ablaufen? Wem hilft das? Richtig, eine Verhandlung sollte nicht unendlich lang andauern, aber warum sollte eine Verhandlung immer schnell ablaufen?

Der Kunde hat unsere Einkaufsbedingungen (Allgemeine Geschäftsbedingungen – AGB) ohne Kommentar akzeptiert. Ist das wirklich gut? Oder habe ich mir damit z. B. Nachteile bei der Haftung eingehandelt, weil die Haftungsklausel damit dem AGB-Recht unterliegt und somit ganz engen Grenzen unterfällt?

Sie sollten beginnen, sich davon zu verabschieden, eine Verhandlung schnell durchführen zu wollen. Über die Worte „effektiv" und „gewinnbringend" werden wir weiter unten noch einmal sprechen und klären, was damit genau gemeint ist.

Eine gute Verhandlung ist wie ein gutes Theaterstück: interessant, spannend und für alle Beteiligten eine Bereicherung.

2.1 Vorbereitung

Und wie jedes gute Theaterstück beginnen Verhandlungen bereits weit vor dem Zeitpunkt, wenn das Licht im Theater ausgeht und sich der Vorhang hebt. Genauso wie ein Schauspieler seine Rolle lernen und proben muss, bedarf auch eine Verhandlung einer guten Vorbereitung.

Klassischer Fehler bei Verhandlungen ist daher oft: Mangelhafte Vorbereitung. Dieses führt häufig zu einer falschen Einschätzung der eigenen Verhandlungsmacht mit der Folge, dass viele Verhandlungen sehr emotional verlaufen und dann auch kein befriedigendes Verhandlungsergebnis erzielt wird. Investieren Sie ausreichend Zeit in eine gute Vorbereitung, denn wie im Theater überzeugt ein Schauspieler in seiner Rolle vor allem dann, wenn er sich gut vorbereitet hat.

Was sollte also Inhalt Ihrer Vorbereitungen sein?

Zunächst sollten Sie klären, was Ihr Ziel in Bezug auf die Verhandlungen ist. Was wollen Sie erreichen? Was ist Ihr Interesse?

Natürlich kann es Ihr Ziel sein, möglichst viel für sich herauszuholen, also das dickste Stück vom Kuchen zu bekommen. Dafür sind Sie auch bereit, mit harten Bandagen zu kämpfen. Aber ist das immer ein sinnvolles Ziel für Verhandlungen? In jedem Fall dann, wenn Sie die andere Partei nach den Verhandlungen nicht mehr wiedersehen müssen, z. B. beim obigen Beispiel mit dem privaten Autokauf. Anders sieht es aus, wenn Sie Vertragsverhandlungen im Rahmen einer langjährigen Geschäftsbeziehung führen oder die Verhandlungen dazu dienen, eine solche länger andauernde Geschäftsbeziehung zu begründen. Aggressives oder provozierendes Auftreten wird eher nicht dazu führen, eine vertrauensvolle langjährige Geschäftsbeziehung aufzubauen. Besser ist es, möglichst viele Interessen beider Verhandlungsparteien zu berücksichtigen, d. h. auch die Interessen des Gegenübers und damit einen kooperativen Verhandlungsstil zu pflegen. Das funktioniert natürlich nur, wenn beide Verhandlungspartner auch das Wort „Partner" im Rahmen der Verhandlungen als Maßstab ansetzen.

Neben Ihren eigenen Interessen sollten Sie sich aber auch ausführlich Gedanken über die Interessen Ihres Verhandlungspartners machen. Was will die Gegenseite erreichen? Was ist deren Ziel in Bezug auf die Verhandlungen? An dieser Stelle ein Hinweis: Wenn es um die Gedanken und Wünsche anderer geht, tendieren leider viele Menschen dazu davon auszugehen, dass das Gegenüber genauso viel wissen müsste, wie man selbst. Daher sind z. B. Marketingexperten generell schlecht darin zu beurteilen, wie sich möglicherweise Kundenvorstellungen, -geschmack und -werte verändern werden. Verlassen Sie sich also nicht darauf, dass Sie schon glauben zu wissen, was die Interessen Ihres Verhandlungspartners sind. Analysieren Sie stattdessen über verlässliche Quellen, was Ihr Gegenüber erreichen möchte. Auch sollten Sie die Gesamtsituation nicht aus den Augen verlieren: Wie stellt sich z. B. die Situation im Markt dar?

Zu einer guten Vorbereitung gehört auch, sich auf die Spielweise des Gegenübers einzustellen. Wie bei Sportwettkämpfen, wo sich Trainer immer die Spielweise und Taktiken der Gegner im Vorfeld anschauen, sollten Sie ebenfalls Zeit darin investieren, die Spielweise Ihres Verhandlungspartners zu analysieren – aber natürlich auch einen Blick auf die eigenen Stärken und Schwächen werfen. Dazu gehört u. a.:

- In welcher „Aufstellung" nimmt die andere Partei an den Verhandlungen teil? Wie können Sie die Interessen der einzelnen Verhandlungsteilnehmer adressieren? Denken Sie daran, dass ein Einkäufer vermutlich eher an einem guten Preis interessiert ist, aber der Experte aus der Fachabteilung die beste Lösung einkaufen möchte.

- Was für Menschen erwarten Sie? Je genauer Sie die Menschen kennen, die Ihnen gegenübersitzen werden, umso eher können Sie eine emotionale Bindung mit diesen aufbauen. Wenn Ihnen jemand emotional nahe ist, wird er Ihnen eher vertrauen, eher bereit sein, eigene Interessen zurückzustellen und eher bereit sein, ein gemeinsames Verhandlungsergebnis zu akzeptieren. Dazu mehr in den Kapiteln zum 3. Akt.

- Und wie ist Ihr Team aufgestellt? Sind Sie bereits ein eingespieltes Team oder bilden eher Einzelkämpfer Ihr Team? Können Sie einen Teamführer bestimmen? Werden die anderen Spieler diesem Teamführer folgen? Je besser Sie sich im Rahmen der Vorbereitungen abstimmen und ein Gefühl für die Spielweise Ihres Teams bekommen, umso eher sind Sie in der Lage, auf hohem Niveau mit ihrem Gegenüber mitzuspielen. Verabreden Sie z. B. Regeln für Ihr Team: Legen Sie fest, wer das letzte Wort haben soll, wer darauf achtet, dass getroffene Vereinbarungen schriftlich festgehalten werden, was im Falle von Eskalationen geschieht.

- Gibt es Themen, bei denen Sie, Ihr Team oder auch Ihr Gegenüber emotional reagieren? Kennen Sie diese Schwachstellen, können Sie damit souverän umgehen und laufen nicht in die Gefahr, Emotionalitäten zu wecken – auf beiden Seiten. Gesprächsverläufe, die z. B. die Wertschätzung eines Teammitglieds oder auch des gesamten Verhandlungsteams negativ betreffen, können dazu führen, dass die gesamten Verhandlungen nicht mehr rational geführt, sondern von Emotionen getragen in Richtungen verlaufen, die vermutlich von beiden Parteien nicht gewollt waren. Aussagen wie z. B. „Ihre heutigen Prozesse befinden sich gerade mal auf Grundschulniveau" können gerade den Verhandlungspartner, der unheimlich stolz auf genau diese Prozesse ist, emotional treffen.

- Und last but not least: Welche Erwartungen bestehen in Ihrem Unternehmen in Bezug auf die anstehenden Verhandlungen? Versuchen Sie, diese ggf. zu relativieren bzw. zu korrigieren. Das betrifft nicht nur das zu erwartende Verhandlungsergebnis, sondern auch die Verhandlungsdauer. Wenn z. B. die Erwartungshaltung besteht, dass die

Verhandlungen kurzfristig abgeschlossen werden, es sich aber um ein sehr komplexes und vielleicht schon etwas fest gefahrenes Thema handelt, dann sollten Sie dafür sorgen, dass die Erwartungshaltung angepasst wird. „Störfeuer", die aus den eigenen Reihen kommen, sind bei Verhandlungen wenig förderlich. Denken Sie daran: Auch angehende Weltmeister sind schon gescheitert, weil die Erwartungshaltung die Spieler „erdrückte".

Schlussendlich stellt sich im Rahmen der Vorbereitung noch die Frage, wo bzw. mit welchen (technischen) Hilfsmitteln Sie verhandeln werden. Eine Verhandlung, die in einem Raum – also neudeutsch „face-to-face" – geführt wird – sollte Ihre 1. Wahl sein. Es gibt keinen gleichwertigeren Ersatz zu einem Gespräch von Angesicht zu Angesicht. Denn nur wenn Sie die Gesten und die Mimik Ihres Gegenübers sehen und auch die Ihrer Mitstreiter, gelingt es Ihnen, ein Gefühl für den anderen zu entwickeln, ihn besser einzuschätzen und adäquat zu reagieren. Eine hochgezogene Augenbraue oder auch ein kurzer Augenkontakt sagt oftmals viel mehr als nur das gesprochene Wort. Dazu kommt, dass eine Verhandlung in einem Raum auch Wertschätzung gegenüber dem Verhandlungspartner ausdrückt und in der Regel sehr effektiv ist: Beide Parteien nehmen sich bewusst Zeit, nehmen auch eine Anreise in Kauf, Ablenkungen durch Kollegen und andere Themen können damit so gut wie ausgeschlossen werden. Auch lässt sich im persönlichen Beisammensein die Dörfchen-Theorie einfacher anwenden (dazu unten mehr).

Anders sieht es aus, wenn sich die Verhandlungspartner nicht gemeinsam in einem Raum befinden, sondern auf technische Hilfsmittel für die Kommunikation angewiesen sind. Das kann z. B. eine Telefonkonferenz sein, aber auch eine Videokonferenz oder auch E-Mail Kommunikation.

Technische Hilfsmittel haben den Nachteil, dass sie auch mal mit technischen Problemen einhergehen: Schlechte Tonqualität, umständliche Einwahlprozeduren, das Auseinanderhalten der verschiedenen Stimmen oder auch wackelige Videobilder stellt die Teilnehmenden vor einige Herausforderungen. Eine Konzentration allein auf die Verhandlungen ist dann schwieriger und trägt nicht zu einem entspannten Verhältnis bei. Auch mag es sein, dass Ihr Verhandlungspartner oder auch einzelne Mitglieder in Ihrem Verhandlungsteam im Umgang mit „remote Verhandlungen" (also Verhandlungen, die nicht von Angesicht zu Angesicht geführt werden) viel versierter sind als Sie. Mitarbeitende großer Unternehmen sind es z. B. gewohnt, virtuell mit ihren Kollegen zusammen zu arbeiten. So gehören Telefonkonferenzen und remote Verhandlungen zu deren Tagesgeschäft, technische Pannen werden mit Gelassenheit hingenommen. Versierte remote Verhandler sind dann z. B. auch in der Lage, sich parallel per Chat mit den eigenen Mitstreitern auszutauschen, Aussagen des Gegenübers zu bewerten und sich ggf. neu zu positionieren.

Zudem ist es schwierig, allein per Telefon, E-Mail oder Videokonferenz ein Vertrauensverhältnis bzw. gegenseitige Wertschätzung aufzubauen, da Sie die Mimik und Gestik Ihres Gegenübers nicht oder nur schlecht sehen können und sich allein auf das gesprochene bzw. geschriebene Wort verlassen müssen. Gerade Verhandlungen per E-Mail können dazu führen, dass Missverständnisse entstehen, weil Text anders interpretiert wird als ursprünglich gedacht.

Soweit es Ihnen möglich ist, sollten Sie daher Zeit und auch Geld in eine persönliche Verhandlung investieren. Sie werden feststellen, dass diese Art zu verhandeln am Ende des Tages auch die effektivste Art ist.

Und was ist, wenn Sie gar nicht (mehr) verhandeln wollen? Gehen Sie dann trotzdem hin bzw. verhandeln Sie dann trotzdem weiter? Nein, natürlich nicht. Aber wie gehen Sie dann mit einer solchen Sackgasse um?

Stellen Sie sich im Rahmen der Vorbereitung auch die Frage, was Ihre Alternative zu einer Verhandlung sein kann. Gehen Sie davon aus, dass Verhandlungen in der Regel in einem Kompromiss enden werden. Denn wenn die andere Seite z. B. überzeugt wäre, den von Ihnen gewünschten Preis zu zahlen, bräuchte es gar keine Verhandlungen. Definieren Sie daher im Vorfeld der Verhandlungen Ihre „Reißleine" und zwar am besten auf Basis objektiver Bewertungskriterien: Welchen Preis sind Sie bereit zu zahlen? Was würde jemand anderes dafür zahlen? Gibt es ein alternatives Produkt, z. B. von einem Mitbewerber?

Die Definition einer Reißleine gibt Ihnen auch die Stärke in einer Verhandlung „nein" sagen zu können. Sie sollten daher Verhandlungen vermeiden, die Ihren Verhandlungspartner in eine Position der

Unersetzbarkeit manövrieren. In solchen Fällen neigt man dazu, unvernünftige oder sogar unmoralische Zugeständnisse zu machen, aus Angst, den Deal zu verlieren. Leider gibt es dennoch Situationen, die Sie vor das Dilemma stellen, die richtige Verhandlungstaktik zu finden, wenn es (scheinbar) keine Alternative zu diesen Verhandlungen gibt. Vermeiden Sie aber bitte den Fehler, die Reißleine während der Verhandlungen ad hoc zu verändern: Dann unterliegen Sie dem sogenannten eBay-Syndrom. D. h. weil sie unbedingt eine Einigung erreichen wollen, überschreiten Sie Ihre Reißleine und definieren kurzfristig eine neue, die vermutlich dann im nächsten Schritt auch wieder überschritten wird. Und am Ende einigen Sie sich z. B. dann mit Ihrem Verhandlungspartner auf einen Preis, der deutlich über der ursprünglich angesetzten Reißleine liegt und auch über dem, was ein vernünftiger Dritter bezahlt hätte. Fragen Sie sich aber auch, was würde Ihr Verhandlungspartner tun? Welche Reißleine hat er für sich definiert?

Haben Sie all diese „Hausaufgaben" vor Verhandlungsbeginn erledigt, haben Sie schon viel gewonnen. Haben Sie Ihre „Hausaufgaben" allerdings nicht gemacht oder nur „hingeschlabbert", kommt es häufig dazu, dass man in Verhandlungen unter Druck gerät. Unter Druck reagieren viele Menschen emotional, was in der Regel nicht zu einem guten Verhandlungsergebnis beiträgt (wer schreit, hat häufig nicht Recht!).

2.2 Die 3 Akte

Nach einer hoffentlich guten Vorbereitung beginnt endlich das Theaterstück „Verhandlungen", der Vorhang hebt sich:

Die meisten Verhandlungen, auch solche, die sich um einen Claim drehen, also um eine streitige Forderung aus einem Vertrag, laufen in drei Akten ab. Der erste Akt beschäftigt sich mit der Begrüßung, im zweiten Akt werden Argumente ausgetauscht und im dritten Akt kommt dann die eigentliche Einigung zustande. Wenn man sich überlegt, dass z. B. eine Verhandlung für einen Zeitraum von zwei Stunden terminiert ist, dann werden im deutschen Kulturkreis:

- für den 1. Akt: ca. 5 Min.,
- für den 2. Akt: ca. 1.45 Std., und
- für den 3. Akt: ca. 10 Min. benötigt.

Nun könnte man mit diesem Wissen und dem Ziel, möglichst effektiv und schnell sein zu wollen, auf den Gedanken kommen, dass man doch gleich in den 2. Akt springen könnte oder auch den 2. Akt ganz weglassen könnte (schließlich kennt man die Argumente des Verhandlungspartners häufig schon aus vorhergehenden Emails, Telefonaten etc.). Aber es sei Ihnen versichert: Das funktioniert nie! Zum einen funktioniert es nicht, weil wir Menschen sind und insbesondere den 2. Akt aus psychologischen Gründen brauchen und 2.: Wie würde Shakespeares Stück Hamlet beim Publikum wohl ankommen, wenn der Protagonist schon innerhalb der ersten 15 min sterben würde?

Im echten Leben wird es auch oft so sein, dass Sie nicht nur über ein Thema verhandeln. In Vertragsverhandlungen oder Verhandlungen über Claims werden oft mehrere Themen gleichzeitig verhandelt. Das bedeutet, dass Sie nicht nur in einem Theaterstück sitzen, sondern manchmal in mehreren gleichzeitig. Dabei kann es sein, dass ein Thema bereits im 3. Akt ist, während ein anderes Thema sich noch im 2. Akt befindet. Wir erläutern Ihnen der besseren Verständlichkeit im Folgenden den Ablauf der drei Akte – ohne parallele, weitere Akte.

2.3   Der 1. Akt: Begrüßung

Der 1. Akt steht ganz unter dem Motto „Small Talk". Uns fragte mal ein Anwalt aus den Vereinigten Staaten, wie man mit Deutschen „Small Talk" machen könnte. Unsere Antwort darauf war: „gar nicht" bzw. „maximal fünf Minuten über das Wetter und die Anreise", mehr nicht.

Wir in Deutschland sind sehr geprägt von dem Gedanken *schnell und effektiv* sein zu wollen, was sicherlich nicht falsch ist und was auch Teil unseres Erfolges ist. Was zuweilen ein wenig fehlt ist das, was man als Präsentationstechnik[7] und Verhandlungsgeschick bezeichnet. Wenn man schaut, wie viel Zeit an der University of Oxford dafür verwendet wird zu lernen, wie man ein Thema präsentiert und wie man lernt, darüber zu diskutieren, dann kann man sich als deutscher Hochschulabsolvent schon unterlegen fühlen. Aber das ist ein anderes Thema.

Zum Verhandlungskönnen zählt auch eine gute Begrüßung bzw. Small Talk, also ein guter erster Akt. Aber wofür braucht man einen guten ersten Akt überhaupt?

Die Ziele des 1. Aktes sind zunächst einmal:

- sich persönlich kennen zu lernen,
- zu erfahren, wofür der andere im Unternehmen zuständig ist, welche Aufgaben der andere im Rahmen der Verhandlung hat und
- weil eine Begrüßung einfach zur Etikette gehört.

Bis hierher würde mir auch der größte Skeptiker Recht geben. Aber man kann bereits im 1. Akt sehr viel mehr erreichen und auch bereits den 1. Akt aktiv gestalten. Das gilt übrigens nicht nur für face-to-face Verhandlungen, sondern auch für telefonische und andere remote Verhandlungen. Gelingt es Ihnen, auch bei remote Verhandlungen mit Small Talk zu beginnen oder möglicherweise schon in einem separaten Vorabgespräch mit Ihrem Gegenüber etwas zu plaudern, gewinnen Sie viel für Ihre Verhandlung. Hier einige Punkte die man im 1. Akt erreichen kann:

- für eine gute Atmosphäre sorgen,
- dafür sorgen, dass die andere Seite einen mag,
- Verständnis schaffen,
- darstellen, welche Lösungen zu Ihnen passen und
- eine erfolgreiche Verhandlungsbeziehung schaffen.

Wenn Sie alle diese Punkte erfolgreich umsetzen wollen, seien Sie dabei bitte authentisch. Also versuchen Sie nicht, sich zu verstellen, sondern passen Sie sich lediglich den anderen Beteiligten ein wenig an. Wir kennen Verhandlungspartner, bei denen z. B. die Verwendung des Wortes „Scheiße" während der Verhandlungen zu einem Hausverbot führen würde. Auf der anderen Seite kennen wir aber auch Verhandlungspartner, bei denen man das obige Wort bestenfalls dreimal in einem Satz erwähnen sollte, denn ansonsten gilt man als arroganter Hund. Finden

Sie Ihren Weg; passen Sie sich an, aber bleiben Sie auch authentisch. Auch derjenige, der in Harvard studiert hat, mag eine Curry-Wurst mit einer Flasche Bier einem 3-Gänge-Menü mit einem Glas Wein vorziehen.

2.3.1 Für eine gute Atmosphäre sorgen

Warum ist dieser Punkt so bedeutsam? Nun, es gibt Menschen, die meinen, es sei doch egal, ob der andere mich mag oder nicht. Am besten sei es, taff aufzutreten und die eigenen Forderungen klar auf den Tisch zulegen. Dies mag vielleicht zu Zeiten der sogenannten Kanonenboot-Diplomatie gepasst haben. In dieser Zeit hat man einfach sein Kanonenboot vor der „Haustür" des vermeintlich Unterlegenen geparkt und hat somit seinen Forderungen Nachdruck verliehen. Letztlich hat diese Form der Diplomatie zur Katastrophe des ersten Weltkriegs geführt und ist sicherlich auch keine gute Ausgangsbasis für eine längere Vertragsbeziehung.

Der letzte Manager der eine solche Strategie (besser Vorgehensweise) im größeren Umfang verwendet hat, war José Ignacio López de Arriortúa. José López war ein spanischer Manager, der zunächst für Opel, später für General Motors (GM) und danach für die Volkswagen AG tätig war. Gerade in seiner Zeit bei Opel war er dafür bekannt, dass er Lieferanten durch ein taffes Auftreten zwang, erheblich die Preise zu senken, sodass diese fast zum Selbstkostenpreis produzieren mussten. Folge war, dass gute Lieferanten Opel nicht mehr beliefern wollten (an dieser Stelle erinnern wir uns an das Thema „Reißleine" aus dem Kapitel Vorbereitungen von Verhandlungen), schlechte Lieferanten auch nur schlechte Produkte lieferten und die Qualität von Opel-Fahrzeugen stark litt. Folge: Der Ruf von Opelfahrzeugen war über Jahrzehnte ruiniert, Fahrzeuge ließen sich daher nur schlecht verkaufen und das als Ergebnis von kurzfristigen Einkaufserfolgen.

In der Regel ist ein taff auftretender Verhandlungsführer ein schlechter Verhandlungsführer, da er nur eine Vorgehensweise kennt, nämlich „taff sein". Alle geschichtlich belegten Fälle, in denen nur eine Vorgehensweise (vermeintlich) vorhanden war, gingen schief (z. B. der

Schlieffen Plan im ersten Weltkrieg). Um mit den Worten des bekannten Militärstrategen Clausewitz zu sprechen: *„Es geht darum flexibel zu sein und verschiedene Vorgehensweisen wählen zu können.“*

Sicherlich mag es so aussehen, dass ein taffer Verhandlungsführer durch sein massives Auftreten viel erreicht. Aber auch wenn er in diesem Augenblick viel erreicht haben könnte, so belastet er dennoch langfristig die Geschäftsbeziehung.

„Ich tausche nicht den lang erarbeiten Ruf meines Unternehmens gegen kurzfristige Gewinne ein …“ (Werner von Siemens).

2.3.2 Dafür sorgen, dass die andere Seite einen mag

Seien wir mal ehrlich, fällt es uns persönlich nicht leichter, sich auf einen Kompromiss einzulassen, wenn man die andere Seite (menschlich) mag? Hält man die andere Seite für einen „Blödmann“, so gönnt man ihr nichts und verhandelt einfach länger und noch intensiver. Auf gar keinen Fall möchte man einem „Blödmann“ etwas schenken. Darum ist es so wichtig, für eine gute Atmosphäre zu sorgen und dafür zu sorgen, dass die andere Seite einen mag.

Nun, wie erreicht man, dass die andere Seite einen mag? Insbesondere, wenn man ja gerade mal 5 min Zeit dazu hat (1. Akt). Eine Grundregel ist, freundlich und höflich zu sein. Machen Sie Ihrem Verhandlungspartner ein Kompliment! Und selbst wenn Sie wissen, dass die Verhandlungen schwer werden, versuchen Sie, das im 1. Akt auszuklammern.

Das Urverhalten der Menschen ist immer noch aus der Steinzeit geprägt und findet daher auch heute noch Anwendung. So vertrauen wir Menschen mehr, die aus unserem Umfeld kommen, als Menschen, die sehr weit von uns weg sind. Als guter Verhandlungsführer nutzen Sie diese Tatsache! Versuchen Sie, eine Brücke zum Verhandlungspartner zu bauen, z. B. über gemeinsame Bekannte, Freunde und Kollegen. Aber auch Orte, wie z. B. der gleiche Geburtsort, die gemeinsam besuchte Universität oder den gleichen ehemaligen Arbeitgeber. Oder private Leidenschaften wie Fußball, Golfen oder Segeln. Sprechen Sie dabei auch vom gleichen Leiden (z. B. warum der geliebte Club schon wieder verloren hat), bringen Sie den anderen dazu, dass bei ihm die gleichen Erinnerungen wach werden. Das hat den Effekt, dass sich Ihr Verhandlungspartner gefühlsmäßig mit Ihnen in einer Schicksalsgemeinschaft befindet. Wir nennen dieses Phänomen auch „Dörfchen-Theorie": Sie lassen sich im Urlaub eher von jemandem helfen oder nehmen eher einen Ratschlag von jemandem an, der wie Sie aus der gleichen Gegend kommt, Ihre Sprache spricht, sinnbildlich „aus Ihrem Dorf" stammt. Ganz menschlicher Urinstinkt vertrauen Sie diesem mehr als anderen Urlaubern oder etwa Einheimischen. Daher ist es wichtig, dass Sie im Rahmen der Vorbereitung Ihrer Verhandlung die Basis für diese Schicksalsgemeinschaft schaffen. Finden Sie heraus, welche Gemeinsamkeiten Sie und Ihr Gegenüber haben. Vielleicht ist es nicht der Sport oder der Job, sondern die Schwiegermutter, deren alljährlicher Besuch vor der Tür steht. Menschen, mit denen man ein Schicksal teilt, sind einem emotional näher und damit auch eher bereit, Kompromisse einzugehen. Umgekehrt gilt das natürlich genauso: Auch Sie sind eher bereit, auf Ihren Verhandlungspartner zuzugehen, wenn Sie die andere Seite mögen. Haben Sie kein Interesse an einer langfristigen oder partnerschaftlichen Beziehung zu Ihrem Verhandlungspartner – das kann z. B. der Fall sein, weil Sie wissen, dass Sie Ihren Verhandlungspartner nie wieder sehen werden – dann brauchen Sie auf Small Talk keinen Wert zu legen.

2.3.3 Verständnis schaffen

Einen anderen Menschen mögen, ist sicherlich immer gut, aber wie kann mich ein Mensch mögen, wenn ich etwas Wichtiges von Ihm will?

Das funktioniert nur, wenn ich Verständnis dafür schaffe, was ich von Ihm haben möchte. Wiederum kann ich Verständnis nur für etwas bekommen, was der andere für angemessen hält. In allen anderen Fällen hält man mich für unverschämt und gönnt mir das Entsprechende nicht.

Ein gutes Beispiel hierfür sind Fairtrade Produkte. Naturgemäß greifen wir bei gleicher Qualität und Geschmack zu dem preislich günstigeren Produkt. Vermittelt aber die Werbung, dass wir mit dem Kauf des teureren Produktes, einen armen (hart arbeitenden) Bauern und dessen Familie in Mittelamerika unterstützen, so neigen wir eher dazu, das teurere Produkt zu kaufen. Die Werbung für Fairtrade Produkte hat dabei vermittelt, dass der Bauer durch den Kauf des Fairtrade Produktes nicht reich wird, aber er kann von seiner ehrlichen Arbeit leben. Die Werbung hat also bei uns das Verständnis dafür geschaffen, dass durch den Kauf des Fairtrade Produkts der Bauer in Mittelamerika angemessen entlohnt wird. Dafür geben wir dann gerne etwas mehr aus, weil es unserem sozialen Verständnis entspricht, dass jemand der hart arbeitet, auch von seiner Arbeit leben können soll.

Diesen Gedanken sollte man versuchen, auch im 1. Akt der Verhandlung gegenüber seinem Verhandlungspartner zu erreichen. Ist man dabei erfolgreich, so verkürzt sich in der Regel der 2. Akt und im 3. Akt findet sich schließlich viel leichter eine Lösung. Leider geht durch das harte Diskutieren im 2. Akt der Aspekt des Schaffens eines gegenseitigen Verständnisses häufig verloren oder wird zumindest geschmälert. Daher macht es durchaus Sinn, diesen Punkt zu Beginn des 3. Akts zu wiederholen.

2.3.4 Welche Lösungen passen zu Ihnen?

Nichts ist schlimmer, als Lösungen anzubieten, die überhaupt nicht zur anderen Verhandlungspartei passen. Dazu ein Beispiel: Die Autoren bekommen als Gastgeschenk häufig eine Flasche Wein geschenkt, aber eigentlich trinken beide Wein nicht so gerne. Es stellt sich also die Frage, ob die Gäste Wein schenken, weil es so üblich ist oder machen sich die Schenker tatsächlich Gedanken und gelangen dennoch zum falschen Schluss? Wahrscheinlich ist beides der Fall! Dabei kostet eine gute Flasche Wein relativ viel Geld und erreicht dennoch beim Beschenkten eher einen negativen Effekt.

Also sollte man, wenn man mit jemandem verhandelt, gleich im 1. Akt herausfinden, was der andere mag und was nicht. Fragen Sie doch direkt und scheuen Sie sich nicht. Wie so häufig, sind nämlich viele Schlussfolgerungen falsch. Der Autor wird z. B. gerne als „Professor, der viele Bücher geschrieben hat" in die Schublade des Genießers gesteckt, der folglich auch Wein mag. Er mag Weinanbaugebiete (den Rheingau, Napa Valley in USA oder Stellenbosch in Südafrika) und findet auch die Art, wie Wein angebaut wird und welche Gedanken man sich dazu macht, wirklich spannend. Aber Wein schmeckt ihm einfach nicht! Ein Bier reizt ihn da viel mehr und macht ihm eine größere Freude. Nun könnten Menschen sagen, Bier hätte keinen Stil oder der Bier-Trinker sei nicht kultiviert. Das hilft Ihnen aber wenig, wenn Sie jemandem eine Freude machen wollen oder gar mit ihm verhandeln. Es bringt wenig, sein Gegenüber „bekehren" zu wollen, insbesondere wenn es um geschmackliche Fragen geht. Außerdem gibt es auch einige Menschen, die nach dem dritten Glas Wein jeglichen Stil und jegliche Art von Kultiviertheit verlieren. Und wenn es doch nicht schmeckt …

Also, fragen Sie lieber direkt (vielleicht nicht ganz so plump). Machen Sie sich Gedanken um die andere Person und zeigen Sie dies mit Ihrem Gastgeschenk. Dabei sind erstaunlicherweise Geschenke günstiger, die individuell zu einer Person ausgesucht wurden, als ein gedankenlos gekaufter Wein, eine Einladung zum teuersten Restaurant der Stadt oder Karten für ein Fußballendspiel *(was die Autoren auch nicht interessiert)*.

Was für Wein und Fußballkarten als Gastgeschenk gilt, gilt natürlich auch für geschäftliche Lösungen, die Sie ihrem Gegenüber anbieten. Ein Versicherungsvertreterin, die einer Auszubildenden eine Lebensversicherung mit einem monatlichen Beitrag von 500 EUR anbietet, hat sicherlich ihren Job verfehlt. Niemals wird sich die Auszubildende diese Versicherung leisten können; ja, mit dem Angebot stößt die Versicherungsvertreterin sie vielleicht sogar vor den Kopf, da sie zugeben muss, dass sie sich diese Versicherung nicht leisten kann.

Fragen Sie nicht nur, was die andere Seite mag, sondern versuchen Sie, die Interessen Ihres Gegenübers herauszufinden und zwar sowohl in Bezug auf den Verhandlungsgegenstand, als auch in Bezug auf die persönlichen Interessen Ihres Verhandlungspartners. Oftmals sind diese nämlich nicht deckungsgleich. So kann z. B. die einkaufende Partei generell das Interesse haben, das Produkt zu einem möglichst attraktiven Preis zu kaufen, aber vielleicht hängt sogar ein persönliches Ziel des beteiligten Einkäufers von einer bestimmten Rabatthöhe ab oder der Einkäufer muss sich gegenüber seinem Vorgesetzen beweisen, weil er dieses

Thema erst kürzlich übernommen hat. Wenn es Ihnen gelingt, alle Interessen zu berücksichtigen oder zumindest zu adressieren, wird die vorgeschlagene Lösung deutlich leichter akzeptiert werden.

2.3.5 Eine Erfolgreiche Verhandlungsbeziehung schaffen

Häufig werden bereits im Vorfeld von Verhandlungen Vertragsdokumente ausgetauscht, u. a. versenden Kunden im Rahmen von Ausschreibungen Verträge, die als rechtliche Grundlage für die Ausschreibung und die spätere Lieferung und Leistung dienen. Vielleicht haben Sie in diesem Zusammenhang von dem Spruch „wer schreibt, der bleibt" gehört: Viele Verhandlungsführer versprechen sich einen Vorteil, wenn sie diejenigen sind, die die vertraglichen Dokumente zur Verfügung stellen. Denn dann muss die andere Partei nicht nur mühsam die gewünschten Änderungen in das Dokument einarbeiten, sondern es fällt auch leichter, die ursprünglichen Formulierungen gegen Veränderungen zu verteidigen.

Die Partei, die die Vertragsdokumente empfängt und eigene Änderungen einarbeiten muss – also eine so genannte *red-line* Version erzeugt – sieht sich zudem der Herausforderung ausgesetzt, dass viele Änderungen belastend für die anstehenden Verhandlungen sein können und hier mag auch der erste Eindruck entscheidend sein. Stellen Sie sich vor, Sie erhalten „Ihr" Vertragswerk zurück und sehen nur noch „rot". D. h. Ihr zukünftiger Verhandlungspartner hat viele Dinge im Dokument geändert. Auf den ersten Blick ist auch nicht erkennbar, ob vielleicht nur sprachliche Änderungen vorgenommen wurden oder umfangreiche inhaltliche Änderungen. Ihre erste Reaktion wird vermutlich sein, mindestens enttäuscht oder auch leicht verärgert zu reagieren. Als Folge davon werden Sie Ihren Vertragsentwurf noch mehr gegen Änderungen verteidigen und im Hinblick auf die anstehenden Verhandlungen eher mühsame und langwierige Verhandlungen erwarten. Sie gehen ja davon aus, dass Ihr Vertragsentwurf weit weg ist von den Vorstellungen der anderen Partei. Insgesamt also keine positive Ausgangsposition für die Verhandlungen.

Diejenige Partei, die einen Vertragsentwurf als Grundlage für die Verhandlungen zur Verfügung stellt, ist in der Regel davon überzeugt, einen guten, fairen Entwurf zur Verfügung zu stellen. Viele Regelungen entstammen dem Verständnis, wie mit bestimmten Dingen umzugehen ist. Oftmals sind das prozessuale und eher praktische Dinge, wie z. B. Regelungen zur Abnahme, zum Change Management, zu Service Level, zu Fehlerklassen. Es kann aber natürlich sein, dass die andere Vertragspartei diese Dinge etwas anders löst. Dabei muss dieser Lösungsansatz nicht schlechter sein!

Es geht also nur vordergründig um die Formulierung im Vertragsentwurf. Inhaltlich geht es um Grundsätze oder Prinzipien, wie bestimmte Leistungsinhalte oder Prozesse ausgestaltet werden und wie letztendlich kaufmännisch relevante Themen da dranhängen. Z. B. ist häufig die Dauer der Gewährleistung ein Streitthema bei Verhandlungen. Der Kunde wünscht sich eine lange Gewährleistungszeit, während der Lieferant standardmäßig eher eine kurze Gewährleistung anbietet. Am Ende des Tages ist die Frage der Gewährleistungsdauer eine finanzielle Frage und monetär zu lösen. Statt über einzelne Worte im Vertrag zu diskutieren, empfiehlt es sich, zunächst über diese Grundsätze und Prinzipien eine Einigung zu erzielen und anschließend diese Einigung in der entsprechenden vertraglichen Formulierung abzubilden. Diskutieren Sie mit Ihrem Gegenüber auf Basis von Stichworten, einer Präsentation oder auch einer gemeinsam erarbeiteten Flip-Chart Darstellung. Damit wird der Vertragsentwurf weder angegriffen, noch muss er verteidigt werden. In einem zweiten Schritt wird der Vertragsentwurf dann gemeinsam angepasst auf die Regelung, die gemeinsam gewünscht wird. Weiterer Vorteil dieser Vorgehensweise ist, dass früh in den Verhandlungen gemeinsame Erfolgserlebnisse – die Einigung auf Prinzipien bzw. Grundsätze – geschaffen werden, die einen positiven Einfluss auf die weiteren Verhandlungen haben: Mit bereits getroffenen Vereinbarungen im Rücken, schafft man leichter auch schwierigere Verhandlungshürden.

Also nutzen Sie den 1. Akt, um herauszufinden bzw. auszuloten, was Sie später im 3. Akt der anderen Seite als Lösung anbieten können.

2.4   Der 2. Akt: Der Kampf

Im 2. Akt werden unterschiedliche Sichtweisen, Positionen und Argumente ausgetauscht, mit denen man versucht, die andere Seite zu überzeugen. Meist mit mäßigem Erfolg! Die Autoren haben noch nie erlebt, dass die andere Seite gesagt hätte „Ihr Argument überzeugt mich und Sie haben Recht; Sie sind für mich ein Superjurist und wer kann Ihnen schon widersprechen".

Aber im Grunde ist der 2. Akt etwas für „Weicheier." Solange man nur Argumente austauscht, muss man nicht wirklich „nachgeben." Man muss nicht wirklich für eine Lösung einstehen, sondern kann sich einfach gemütlich hinter seinen Argumenten verstecken. Die Parteien sitzen in ihren gut geschützten Türmen und schießen argumentativ aufeinander, ohne dass die Gefahr besteht, wirklich verletzt zu werden, wie in Abb. 2.1 bildlich dargestellt.

Wenn dann andere später eine Lösung finden, dann kann man stets argumentieren, dass die eigenen Argumente schließlich gut waren und dass man durchaus den Kampf vor Gericht hätte ausfechten können, da ja die eigenen Argumente so gut waren. Aber man hat ja leider nicht auf Sie gehört.

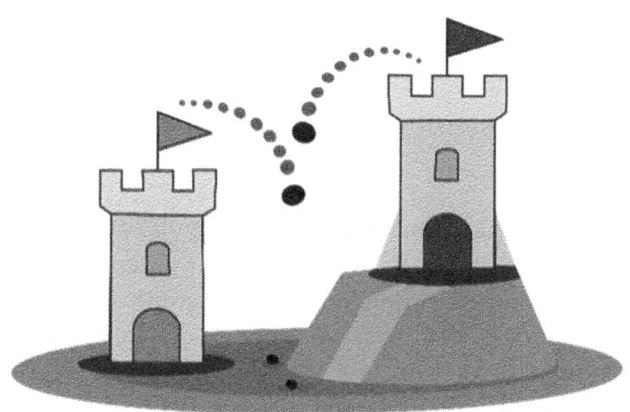

Abb. 2.1   Bildliche Darstellung des 2. Aktes. (Quellenangabe: Mono Becker)

Der 2. Akt ist sicherlich der Lieblingsakt für Menschen, die hart kämpfen und wo es auch mal turbulent zugehen kann. Und natürlich für Menschen, die Spaß daran haben, den anderen von ihrem Standpunkt zu überzeugen (sofern Ihnen das wirklich gelingt). Es ist der Akt, auf den man sich am besten vorbereiten kann und bei dem man seinen ganzen Fleiß unter Beweis stellen kann.

Aber: „Work not hard, work smart".

Fleiß bringt einen in Verhandlungen nicht weiter. Wir sind keine Leistungsgesellschaft, sondern eine Erfolgsgesellschaft. Erfolg und Fleiß verlaufen dabei nicht immer synchron.

Natürlich muss man sich auf den 2. Akt gut vorbereiten und natürlich muss man gute Argumente finden. Aber es geht in Wirklichkeit nicht darum, dass man den anderen tatsächlich überzeugt. Vielmehr sollte man sich auf eine gute und flexible Verteidigung einstellen. Was auch einen Gegenangriff vorsehen kann, aber ein Vergleich und damit ein gewisser Sieg, wird niemals im 2. Akt erkämpft.

Stellen Sie sich den 2. Akt als einen langen und ermüdenden Stellungskrieg vor!

Dessen Ziel ist es, den anderen auf den 3. Akt vorzubereiten. Also, der andere muss schließlich keine Lust mehr haben, mit Ihnen zu argumentieren; sondern er will endlich eine Lösung. Bei einigen Verhandlungsführern kann das Tage dauern, sich über mehrere Sitzungen hinziehen und es kann wirklich anstrengend sein, aber leider geht es nicht anders.

Und wenn Sie argumentieren und diskutieren, dann vermeiden Sie bitte

- Ich/Wir-Argumentationen. Spätestens beim Wort „ich" oder „wir" kann die andere Seite Ihren Vorschlag nicht akzeptieren, weil er einfach von Ihnen – also der anderen Seite – stammt.
- Bedenken Sie, dass alles, was vor dem Wort „aber" gesagt wurde, gerne vergessen wird: Von „Ich finde gut, was Sie sagen, aber ich habe Recht" bleibt nur der letzte Teil hängen und der kommt ganz schlecht an!
- Wenn die andere Seite 30 Argumente hat und Sie nur 10 Argumente, wiederholen Sie einfach Ihre 10 Argumente dreimal und Sie haben

wieder Waffengleichheit. Es kommt nicht auf die Anzahl der Argumente an!

- Und stellen sie Ihr stärkstes Argument an den Anfang, dann folgen die schwächeren Argumente und am Ende das zweitstärkste Argument. Man wird sich später in der Regel inhaltlich nur an das erste und das letzte Argument erinnern. Die anderen Argumente sorgen jedoch dafür, dass es sich auch nach sehr vielen Argumenten anhört.

Auch wenn der 2. Akt der zeitlich längste Akt ist, kann man dieser Stelle am wenigsten dazu schreiben. Viele Argumentationshilfen finden Sie in den nachfolgenden Kapiteln. Sie werden Ihre Argumentationstechnik deutlich verbessern, wenn Sie sich mit den entsprechenden Argumentationshilfen ausrüsten.

Aber bitte nehmen Sie mit, dass Sie den 2. Akt niemals gewinnen werden, sondern dass er nur die Pflicht darstellt, bevor die eigentliche Kür kommt.

2.5 Der 3. Akt: Der wahre Verhandlungsführer

Hoffentlich haben Sie im 2. Akt nicht Ihre ganze Kraft aufgebraucht, denn nun kommt der wirklich wichtige Akt. Nur wer im 3. Akt wirklich gut ist, kann sich als ein guter Verhandlungsführer bezeichnen. Nach den ganzen notwendigen Vorarbeiten des 1. und des 2. Aktes, kommt nun Ihre große Sternestunde und hier kann sich beweisen, wer glaubt, ein super Verhandlungsführer zu sein.

Nehmen wir noch einmal das Bild mit den Türmen aus dem zweiten Akt. Sie merken, so langsam geht Ihrem Verhandlungspartner in dem anderen Turm die Munition aus. Sprich, er hat keine Argumente mehr bzw. er bemerkt, dass er mit seinen Argumenten bei Ihnen nicht weiterkommt und dass er dieses Spiel noch jahrelang ohne eine Einigung fortführen könnte. Nun ist es daran, wirklich Mut zu beweisen und sich aus seinem geschützten Turm herauszuwagen und auf den anderen – der noch in seinem gesicherten Turm sitzt – zuzugehen, wie symbolisch in Abb. 2.2 dargestellt.

Abb. 2.2 Übergang vom 2. in den 3. Akt. (Quellenangabe: Mono Becker)

Sicherlich besteht die Gefahr, dass der andere aus seinem gut ge-schützten Turm auf den Herauswagenden schießt. Aber sollte das wirklich so sein, sollte man einfach nur schnell wieder in seinen eige-nen Turm zurücklaufen und weiter Argumente „verschießen", wie in Abb. 2.3 dargestellt.

Aber lassen wir die Bilder weg und begeben uns wieder in die Pra-xis. Sie werden nach einer gewissen Zeit im 2. Akt merken, dass (auch) der andere einen bestimmten Einigungswillen zeigt bzw. werden Sie

Abb. 2.3 Rückzug in den eigenen Turm. (Quellenangabe: Mono Becker)

merken, dass Ihr Verhandlungspartner einfach keine Lust mehr hat, sinnlos Argumente auszutauschen. Manchmal ist es auch der Blick auf die Uhr, der beide Verhandlungspartner dazu aufruft, in den 3. Akt einzusteigen (z. B. weil die letzten 15 min des Verhandlungstermins bereits angebrochen sind). In diesem Augenblick begeben Sie sich aus Ihrem Turm heraus und hören auf, Argumente auszutauschen, wie symbolhaft in Abb. 2.4 dargestellt. Sie befinden sich nun im 3. Akt und dort werden keine Schlachten mehr um Argumente geführt. Vielleicht bedienen Sie sich einer kleinen dramaturgischen (kurzen) Pause und holen Luft, blicken von unten nach oben (niemals umgekehrt) und bedienen sich nun bestimmter Schlüsselworte. Zuvor sollten Sie die Argumente des Verhandlungspartners aus dem 2. Akt wiederholen, dass hilft, um dem anderen ein gutes Gefühl zugeben (wir erinnern uns aus dem 1. Akt, warum das wichtig ist).

„Nun gut, ich habe Ihren Standpunkt verstanden, bitte verstehen Sie auch meinen Standpunkt. Leider hilft uns das aber nicht weiter, sondern …

- … wie bekommen wir jetzt die Kuh vom Eis?" *(für echte Pragmatiker)*
- … wie schaffen wir nun eine echte Win/Win Lösung?" *(für den gehobenen Manager)*

Abb. 2.4 Einigung im 3. Akt. (Quellenangabe: Mono Becker)

- … wir können das sicherlich auch von einem Gericht entscheiden lassen, aber einen guten Vergleich können wir auch hier schließen." *(für den erfahrenen Juristen)*
- … lassen Sie uns bitte hier einen Schlussstrich ziehen und uns beide mit erhobenem Haupt aus der Verhandlung gehen." *(für den Politiker)*

Sollten Sie in diesem Augenblick feststellen, dass die andere Seite weiterhin mit Argumenten auf Sie einschießt, gehen (oder rennen) Sie wieder zu Ihrem sicheren Türmchen zurück. Sprich, vergessen Sie einfach den gesagten Satz mit den Schlüsselworten. Ihr Gegenüber befindet sich immer noch im zweiten Akt, d. h. im Gefechtsmodus und schießt weiter (sinnlos) auf Sie ein. Er braucht halt noch Zeit, geben Sie ihm diese Zeit, damit er seine Argumente loswird.

Später versuchen Sie es einfach noch einmal. Irgendwann hat auch der taffste Verhandlungsführer keine Lust mehr und ist bereit für einen Kompromiss oder einen Vergleich und dann schlägt Ihre wirklich große Stunde.

Wenn ein Vergleich geschlossen werden soll, neigen die Parteien gerne dazu, sich auf eine vermeintlich gerechte 50/50 Lösung einzuschießen. Dies gilt immer dann, wenn keine Partei ein größeres Verschulden trifft als die andere. Die Parteien empfinden die 50/50 Lösung häufig als gerecht und fair. Leider kann man an diesem Punkt sehr viel manipulieren. Beispielsweise möchte man von der anderen Parteien 100 EUR haben und so beginnt man den Streit nicht mit der Aussage „ich möchte 100 Euro von Dir", sondern man sagt einfach, dass man sich über 200 EUR streitet. Die Hälfte von 200 EUR sind die gewünschten 100 EUR. Man macht den Case einfach groß genug, damit noch die Hälfte ausreicht. Dies gilt es frühzeitig zu erkennen und gegenzusteuern, dabei sollte man immer nett zur Person sein, aber hart in der Sache.

Oftmals streiten die Parteien auch nicht nur über eine Sache, sondern gleichzeitig über mehrere Themen. In diesem Fall kann eine 50/50 Lösung als ungerecht empfunden werden. Z. B. dann, wenn man sich sicher ist, bei 5 von 7 Themen deutlich im Vorteil zu sein. Der Nachteil, alle Einzelthemen jeweils individuell zu betrachten, darf allerdings auch nicht außer Acht gelassen werden: In der Regel ist das Ergebnis sachgerechter, aber die Verhandlungen dauern dann auch deutlich länger und häufig leidet dann auch die Geschäftsbeziehung. Es gilt also abzuwägen!

Last but not least ein Tipp: Bei Verhandlungen macht auch Übung den Meister und ein guter Verhandlungsführer ist noch nicht über Nacht vom Himmel gefallen. Sehen Sie Verhandlungen wie einen sportlichen Wettstreit: Natürlich will man gewinnen. Doch wenn man verliert, ist es auch nicht so schlimm. Nach der Verhandlung ist vor der Verhandlung. Gehen Sie Verhandlungen so an, können Sie nur besser werden!

3

Strategie/Taktik/Professionelles Handeln

Wer Verhandlungen professionell angehen und langfristig planen möchte, muss im Grunde drei Ebenen betrachten:

- Strategie
- Taktik
- Professionalität (in der konkreten Verhandlung)

Mit Strategie meinen wir den generellen übergreifenden Plan in Bezug auf Verhandlungen, also nicht nur einen Verhandlungstermin, sondern die Gesamtbeziehung zu einem Kunden oder Lieferanten.

Taktik beschreibt, wie in den Verhandlungen vorgegangen werden soll. Ähnlich wie bei Mannschaftssportarten wie Fußball oder Eishockey kann auch bei Verhandlungen die richtige Taktik entscheidend für den Erfolg oder Misserfolg sein. Die bekannteste Taktik ist sicherlich die des Rollenspiels: Dabei werden die Rollen eines lieben und eines bösen Polizisten festgelegt. Der böse Polizist soll Druck auf den „Verbrecher" ausüben, damit sich dieser dem lieben Polizisten anvertraut. Es kann vorkommen, dass zugunsten einer Strategie eine konkrete Taktik nicht optimal ausgenutzt wird.

© Der/die Autor(en), exklusiv lizenziert an Springer Fachmedien Wiesbaden GmbH, ein Teil von Springer Nature 2024
T. Söbbing und D. Engel, *Professionelles Verhandeln*,
https://doi.org/10.1007/978-3-658-44274-3_3

Bei der Professionalität geht es schließlich darum, dass konkrete Handlungsweisen trainiert werden, die im Rahmen einer Verhandlung dann zur Anwendung kommen. Z. B. niemals das Wort „Nein" zu verwenden oder den Verhandlungspartner auf der anderen Seite nicht ständig auf seine Rechtschreibfehler hinzuweisen.

3.1 Strategie

Mit einer Verhandlungsstrategie ist das Verhalten in einer Reihe von Verhandlungen, die in einem Kontext stehen, gemeint. Nehmen Sie z. B. eine M&A Transaktion wie einen Unternehmenskauf – die Verhandlungen des SPA (Share/Sale and Purchase Agreement = Unternehmenskaufvertrag) besteht aus verschieden Verhandlungsrunden, teilweise auch aus unterschiedlichen Verhandlungsteams (z. B. Anwälte verhandeln über typische Klauseln wie Haftung, während Steuerberater über Klauseln zu den steuerlichen Auswirkungen untereinander verhandeln). Hier ist es wichtig, für alle Verhandlungen und für alle Teams eine gemeinsame Verhandlungsstrategie festzulegen, denn nur so werden Sie das angestrebte Ziel erreichen.

Wenn Sie kein Fan von langfristigen Plänen und damit auch kein Fan von Strategien sind, sondern sich eher auf konkrete Hilfen in einer Verhandlung stürzen wollen, sollten Sie bei Ziffer 4.2. „Taktik" oder vor allem bei Ziffer 4.3. „Professionelles Handeln" weiterlesen.

Strategie ist ein seit tausenden von Jahren militärisch geprägter Begriff. Daher verwundert auch nicht die eigentliche Definition: Als Strategie (von griech. στρατηγός strategós: Feldherr/στρατηγεία: Feldherrentum, Feldherrenkunst) wird in der Sicherheitspolitik und in den strategischen Studien des Militärwesens der zielgerichtete Einsatz von Gewalt oder die zielgerichtete Gewaltandrohung zu politischen Zwecken bezeichnet.[8] Tatsächlich beruhen viele Gedanken zu militärischen, strategischen Überlegungen lediglich auf den Werken von nur zwei Personen:

- *Sunzi:* Die Kunst des Krieges, ca. 500 v. Christus
- Carl von Clausewitz: Vom Kriege, 1832.

Warum verweisen wir hier auf die militärische Strategie? Weil viele militärische Gedanken *(natürlich nicht das Töten von Menschen)* durchaus übertragbar sind auf das (echte) strategische Denken im Wirtschaftsleben. Gerade v. Clausewitz' Gedanken zum Nebel des Krieges (auch Kriegsnebel bzw. engl. Fog of War (FoW) genannt) können auf das Wirtschaftsleben übertragen werden. Mit dem Nebel des Krieges wird der Umstand bezeichnet, dass kriegswichtige Informationen aufgrund verschiedener Umstände (z. B. Kriegschaos, unterbrochene Meldewege, Feindestäuschung) immer eine gewisse Unsicherheit und Unvollständigkeit aufweisen. In geographischer Hinsicht würde dies z. B. bedeuten, dass ein Gebiet zwar kartographiert oder beschrieben ist, weitere – meist für das Militär wichtige – Informationen (z. B. Bodenbeschaffenheit aufgrund der Wetterlage, von Feindkräften zerstörte Brücken oder auch feindliche Landminen) jedoch fehlen. *„Der Krieg ist das Gebiet der Ungewissheit; 3/4 Anteile derjenigen Dinge, worauf das Handeln im Kriege gebaut wird, liegen im Nebel einer mehr oder weniger großen Ungewissheit. Ist es also zuerst, wo ein feiner, durchdringender Verstand in Anspruch genommen wird, um mit dem Takte seines Urteils die Wahrheit herauszufühlen."* Adaptiert man diesen Gedanken auf eine Verhandlungssituation bedeutet das, dass ein Verhandlungsführer im Grunde nie wirklich weiß, was ihn mit und bei der anderen Seite erwartet. Sicherlich kann er sich über die andere Seite informieren (vergleichbar der militärischen Aufklärung) wie schon oben in Abschn. 3.1 „Vorbereitung von Verhandlungen" beschrieben, dennoch wird der Verhandlungsführer im Laufe der Verhandlung immer wieder auf Dinge stoßen, die so nicht geplant waren, was zwangsläufig zu einer Veränderung seiner Strategie in der Verhandlung führen sollte, will er die Verhandlungen nicht verlieren. Denn eine Strategie ist nach v. Clausewitz niemals fest, sondern immer flexibel.

Jemand, der sich fest an die Regeln von v. Clausewitz hielt und die Sichtweisen auch praktisch umsetzte, war der spätere General v. Moltke (der Ältere), siehe Abb. 3.1. Er prägte einen Lehrsatz, an den sich heutige Projekte halten sollten: *Es kommt darauf an, in lauter Spezialfällen, die in den Nebel der Ungewissheit gehüllte Sachlage zu durchschauen, das Gegebene richtig zu würdigen, das Unbekannte zu erraten, einen Entschluss*

Abb. 3.1   Helmuth von Moltke. (Quellenangabe. Wowinside – stock.adobe.com)

schnell zu fassen, und dann kräftig und unbeirrt durchzuführen.[10] Dies gilt sicherlich in gleicherweise auch für die Verhandlungssituationen.

Nach den Gedanken des kanadischen Professors für Betriebswirtschaftslehre und Management Henry Mintzberg (Mintzberg hat mehr als 140 Artikel und zehn Bücher über Management und Strategie verfasst) hat eine Strategie fünf Bedeutungsinhalte, die im Rahmen des strategischen Managements alle eine Rolle spielen:[11]

Plan (Handlungsabsicht),
Ploy (Manöver/List zwecks Bezwingung eines Gegners),
Pattern (Widerspruchsfreies Verhaltensmuster),
Position (Positionierung einer Organisation in ihrer Umwelt)
Perspektive (Sichtweise und Interpretation der Welt).

Man muss im Einzelfall prüfen wie diese fünf „P" einem weiterhelfen. Auf jeden Fall geben die fünf Punkte einen guten Überblick über die Situation, in der man gerade steckt.

Setzen wir diese 5 Punkte in unserem Beispiel des Unternehmenskaufs um:

- **Plan:** Unser Plan ist es, das Unternehmen in einer Einheit zu übernehmen und dabei den Kaufpreis erheblich zu drücken.

- **Ploy:** Auch Steuervorteile können den Kaufpreis auf eine andere Weise drücken. Eine List wäre es dem Verkäufer vorzuspielen, dass man eigentlich an dem Zielunternehmen (Target) gar nicht interessiert ist (zugegeben eine sehr einfache List).
- **Pattern:** Wie stelle ich in der Verhandlung sicher, dass alle meine Kollegen immer noch das gleiche Ziel haben. Dies kann nur durch Verhandlungspausen erfolgen, in denen eine Abstimmung stattfindet und man sich und andere korrigiert und wieder auf das Ziel einschwört.
- **Position:** Wo stehen wir nach jeder Verhandlung, sollten wie dort sein oder sind wir vom Kurs abgewichen. Macht diese Kursabweichung vielleicht Sinn?
- **Perspektive:** Haben wir unser Ziel weiterhin im Auge oder verlieren wir es gerade aus den Augen?

DENN:

Ein wichtiger, leider oft vergessener Satz von v. Moltke war:

Keine Strategie überlebt den ersten Schuss!

Heute würde man sagen, spätestens nach dem Schließen der Konferenzräume ist es mit jeder zuvor abgesprochenen Verhandlungsstrategie vorbei. Also ist doch jede Strategie sinnlos? Natürlich lies v. Moltke diesen Satz nicht alleinstehen, sondern bot auch eine Lösung für dieses Phänomen an:

Nur Disziplin, Flexibilität und eine gute Vorbereitung können zum Erfolg führen.

Übersetzt man diese Aussage wieder auf eine Verhandlungssituation, so würde man die Gedanken des v. Moltke wie folgt adaptieren:

Nur Professionalität, Kreativität und eine gute Vorbereitung können zu erfolgreichen Verhandlungen führen …

Malcom Gladwelll führt in seinem Bestseller „Blink – Die Macht des Moments" dazu aus, „Die Qualität einer Entscheidung, die unter hohem Druck und in sich schnell veränderten Bedingungen gefällt wird, hängt mit den Regeln, dem Training und der Vorbereitung zusammen." Auch in Verhandlungen müssen Entscheidungen über eine Klausel, über einen Preis oder eine Leistung unter hohem (Einigungs-)Druck gefällt werden, häufig stehen uns dazu aber nicht genug Informationen zur Verfügung und man ist sich einer Sache vielleicht gar nicht so sicher. Um in einer solchen Situation Stand zu halten, hilft nur ein intensives Training und eine entsprechend gute Vorbereitung auf die Verhandlungssituation. Aber mal ehrlich, wie ist es denn häufig in der Praxis? Ist es nicht häufig so, dass es genau daran fehlt? Leider begründet eine schlechte Vorbereitung in der Regel auch das Merkmal „unprofessionell". Deshalb schauen Sie sich die Punkte unter Ziffer 3 „Professionelles Handeln" genau an und überlegen Sie sich, wie Sie Professionalität in der konkreten Verhandlung anwenden könnten.

3.2   Taktik

Die Taktik ist die Vorgehensweise in Bezug auf eine konkrete Verhandlung oder einen einzelnen Verhandlungspunkt. Was in der Verhandlungspraxis häufig falsch angewendet wird, ist die Verwechslung von Strategie und Taktik. Um noch mal den Vergleich zum Militär zu bemühen: Für v. Clausewitz war die Grundlage jeder Kriegsführung *„die Fähigkeit der Streitkräfte zu kämpfen".* Somit kam dem einzelnen Gefecht eine zentrale Bedeutung zu und die Taktik war für v. Clausewitz *„Die Lehre vom Gebrauch der Streitkräfte im Gefecht";* die Strategie hingegen ist *„die Lehre vom Gebrauch der einzelnen Gefechte zum Zweck des Krieges."* Übertragen auf Verhandlungen bedeutet dies, dass es nicht ausreicht, sich nur Gedanken über einen Verhandlungspunkt oder einen Verhandlungstermin zu machen, sondern man sich darüber hinaus Gedanken machen muss und die Gesamtheit aller Verhandlungen (= Gefechte) im Blick behalten muss. Vielleicht ist es besser, eine Verhandlung zu verlieren und dafür die Kundenbeziehung zu retten.

Es ist so ähnlich zu sehen, wie erlernte Züge beim Schachspiel. Beim Schachspiel geht es darum zu analysieren, ob ein erlernter Schachzug auf die gerade vorliegenden Situationen sinnvoll angewendet werden kann. Ein guter Schachspieler ist bekanntlich nicht derjenige, der viele Schachzüge auswendig gelernt hat, sondern derjenige, dem es gelingt, die Schachzüge sinnvoll zu kombinieren und in die Gesamtstrategie einzubinden.

Aus dem sportlichen Umfeld können Sie auch folgenden Gedanken mitnehmen: Mit guter Taktik haben auch technisch schwächere Teams gute Chancen zu gewinnen.

Taktiken haben aber leider den Nachteil, dass sich nicht immer alle Personen des eigenen Teams an die vereinbarte Taktik halten oder eine Taktik angewendet wird, obwohl sich die Gesamtsituation schon längst verändert hat. Während eines Gefechts war es für das Offizierskorps immer eine große Herausforderung dafür zu sorgen, dass die eigenen Truppen nicht die Flucht ergriffen, auch wenn sie in einer bedrängten Situation waren. Es war vielleicht sogar Teil der Gesamtstrategie, dass sie in diese bedrängte Situation gekommen sind, weil dadurch viele Truppen des Gegners gebunden werden konnten, während die eigenen Truppenan anderer Stelle einen Angriff wagen konnten. In Verhandlungen ist diese Situation vergleichbar mit folgender Situation: Die Verhandlungspartner verhandeln hart an der Grenze und ein Kollege verliert die Nerven. Das hat nicht nur zur Folge, dass er die Taktik nicht mehr unterstützt, sondern eventuell sogar die eigene Taktik der anderen Seite offenbart: *„Der Kollege will den Vertrag gar nicht kündigen, er weiß, dass wir Sie doch brauchen (…)."* In dieser Situation könnte man den Kollegen umbringen… mal abgesehen davon, dass nach unserer Erfahrung dann das Kind sowieso in den Brunnen gefallen ist.

Auch bringt es nichts, sich sklavisch an eine Taktik zu halten, wenn sich die Gesamtsituation verändert. Die Vereinbarung einer Taktik hat den enormen Vorteil, dass sie allen Handelnden ein Verhaltensmuster mit auf den Weg gibt, verleitet auf der anderen Seite aber auch dazu, daran festzuhalten, was dann die Handelnden oft blind für die Gesamtsituation macht. Hierauf muss man immer aufpassen. Auch haben Taktiken den Nachteil, dass wir glauben, sie immer anwenden zu können und ähnlich einem Werkzeug im Reparaturfall (modernes Businesstool) schon wirken würden. Taktiken gehen daher oft einher mit professionellem Handeln (siehe hierzu Ziffer 4.).

Im Folgenden stellen wir Ihnen viele Taktik-Beispiele vor, die – richtig angewendet – entscheidend für Verhandlungen sein können. Der Einsatz der Taktiken hängt aber natürlich von vielen Faktoren ab: den

Fähigkeiten Ihrer Mitstreiter, der Struktur des Verhandlungsteams aber auch von Ihren Anpassungsmöglichkeiten an den jeweiligen Verhandlungspartner.

Wie bereits erläutert liegt die große Kunst nicht darin die Taktik zu beherrschen, sondern sein Team darauf einzuschwören (was in der Regel erst mit dem ersten Erfolg gelingt) und stets darauf zu achten, dass die jeweils angewendete Taktik zur Gesamtsituation und der verfolgten Strategie passt.

3.2.1 Die Schockeröffnung

Eine Taktik, eine Verhandlung zu eröffnen, ist die sog. „Schockeröffnung": Der Verhandlungspartner betritt den Raum und wird mit einer schockierenden Nachricht oder Situation konfrontiert.

Beispiel:

Ein Automobilzulieferer betritt den Verhandlungsraum und findet den bestehenden Lieferantenvertrag mit seinem Kunden (einem Automobilhersteller) im Mülleimer. Angesetzt war das Gespräch als harmloses Kaffeetrinken und monatliche Besprechung der Kunden-Lieferantenbeziehung. Der Automobilzulieferer sieht schon seine Felle schwimmen und die drohende Insolvenz, weil er gerade so geschockt ist und die Auswirkungen nicht umreißen kann.

Nun, in einer solchen Situation kann der Automobilhersteller natürlich eine Menge verlangen, weil der Automobilzulieferer geschockt und überrascht ist. Aber in einem solchen Fall gilt der Ausspruch des Schriftstellers Ernest Hemingway „Haltung im Angesicht der Gefahr" (siehe Nr. 3. Ziffer f.). Also: Ruhig und besonnen agieren und versuchen, den ersten Schockaugenblick zu überstehen. Meist hat die andere Seite nicht viel mehr als die Schocktaktik in der Tasche, sonst würde sie auch nicht zu dieser Art von Taktik greifen.

3.2.2   Die „Essig und Honig" Taktik

Bei dieser Taktik macht eine Seite einen ersten völlig unakzeptablen Vorschlag (Essig). Dieser wird lange und intensiv diskutiert und die Parteien kommen nicht einmal in die Nähe einer Übereinkunft. Auf einmal macht die Partei, die den völlig unakzeptablen Vorschlag gemacht hat, einen zweiten Vorschlag (Honig). Dieser Vorschlag erscheint beiden Parteien viel passender als der erste unakzeptable Vorschlag (Essig). Achtung: Bedingt durch den ersten (Essig-)Vorschlag erscheint der zweite (Honig-)Vorschlag viel besser, als er in der Regel ist.

Auch hier gilt: Bleiben Sie gelassen und vor allem objektiv. Schauen Sie sich auch den Honig-Vorschlag genau an und betrachten sie ihn nach allen objektiven Kriterien und mit der Maßgabe, als hätte es den Essig-Vorschlag niemals gegeben. Hier hilft häufig, eine Auszeit zu nehmen und damit die Chance zu vergrößern, den Honig-Vorschlag objektiv zu bewerten.

3.2.3   „Die folgenden Punkte werden nicht verhandelt" Taktik

Einige Verhandlungspartner wollen einzelne Verhandlungspunkte nicht verhandeln. Sie sagen dann z. B. „über die Punkte A, B, C und D können wir gerne reden, aber nicht über E". E ist gesetzt und damit überhaupt nicht verhandelbar. Grundsätzlich gilt in Verhandlungen: Alles ist verhandelbar. In der Regel hat Ihr Verhandlungspartner in einem solchen Fall ein Problem damit, den Punkt E. zu verhandeln.

Die Lösung in diesem Fall ist: Verhandeln Sie über die verhandelbaren Punkte A, B, C und D bis sie zu einem Ergebnis gelangen. Dann am Ende, also wenn eigentlich alles klar ist, sprechen Sie noch den Punkt E an. Dann fällt es der anderen Seite noch schwerer, zum Punkt E nichts zusagen. Wichtig ist auch: Versuchen Sie zwischenzeitlich herauszufinden, warum der Punkt E angeblich nicht verhandelbar ist, und passen Sie Ihre Verhandlungsstrategie ggf. aufgrund gewonnener Erkenntnisse an.

3.2.4 "Take it or leave it" Taktik

Bei der „Take it or leave it" Taktik geht es darum, dem Verhandlungspartner zwei Möglichkeiten zur Wahl zu stellen: *„Entweder Du kaufst das Auto zum Preis von 10.000 EUR oder du lässt es."* Sofern der Verkäufer konsequent bleibt und nur eine dieser beiden Möglichkeiten zulässt, kann diese Taktik erfolgreich sein. Oft verdeckt eine solche Vorgehensweise aber eher die Schwäche des Verkäufers, auch wenn sein Auftreten sehr taff ist. Als Empfänger einer solchen Taktik ist man häufig erfolgreich, wenn man lange genug auf den Verkäufer einredet. In der Regel ist der Druck auf Verkäuferseite groß, doch verkaufen zu wollen und man wird spüren, wie er umfällt und sich doch darauf einlässt, über den Preis zu verhandeln. Wenn es dann um die Preisverhandlungen geht, wird er sich sicherlich nicht als echter Profi erweisen.

3.2.5 „Ich muss das noch mit meinem Chef klären" Taktik

Sicherlich weiß man nie, ob der andere das wirklich noch mal mit seinem Chef oder der Zentrale (in USA?) klären muss. Dennoch wird diese Taktik gerne verwendet, um entweder eine Rückzugsmöglichkeit zu eröffnen oder in der Auszeit das Angebot der anderen Seite zu überprüfen. So gesehen, also keine schlechte Taktik.

3.2.6 Sprach-Taktik

Die Sprach-Taktik ist eigentlich keine Taktik, sondern eher ein plumper Trick. „Sorry, ich kann Sie leider nicht so gut verstehen, weil mein Englisch oder Deutsch nicht so gut ist". Wenn Sie es selbst anwenden, muss es schon glaubhaft sein. Wenn jemand die Taktik Ihnen gegenüber anwendet, fragen Sie *(freundlich!)* nach einem anderen Verhandlungspartner.

3.2.7 Das „einmal in Ihrem Leben" Angebot

Sie bekommen (exklusiv) ein einmaliges Angebot, was nur für die nächsten Minuten oder einen anderen knappen Zeitraum gilt, weil dann ein anderer, der sich auch für das Angebot interessiert, den Zuschlag erhält. Üblicherweise erzeugt eine solche Vorgehensweise einen gewissen Einigungsdruck und es werden möglicherweise eher Zugeständnisse gemacht. Nun sollte man sich erst einmal fragen, warum macht die andere Seite mir dieses Angebot und gibt den Zuschlag nicht gleich dem anderen, wenn der schon will? Warum macht sich die andere Partei so viel Mühe mit mir, wenn es bei dem anderen doch viel leichter wäre? Warum sind die ausgerechnet so nett zu mir? Wie Richard Gere schon im Film Pretty Woman sagte: „Stores are never nice to people; they're nice to credit cards". Man sollte sich also niemals auf diese alte Verkäufertaktik einlassen, weil es nur dazu dient, das objektive Nachdenken der anderen Partei zu erschweren.

3.2.8 Im Osten Lärm machen und im Westen zuschlagen (Sun Su)

Eine beliebte Taktik von Sunzi, einem chinesischen General, Militärstrategen und Philosophen, war es, den Anschein zu erwecken, dass er an einer bestimmten Stelle angreifen wird. Doch dann hat er an einer völlig anderen Stelle angegriffen. Diese Taktik wurde von den Alliierten bei der Landung in Frankreich im zweiten Weltkrieg angewendet: Mit der Operation Fortitude wurde der Deutschen Wehrmacht vorgetäuscht, dass die Alliierten am Pas-de-Calais mit ihren Truppen landen würden. Die Alliierten stellten ab 1943 an der schmalsten Stelle des Ärmelkanals zwischen England und Frankreich bei Dover Attrappen von Panzern, Flugzeugen, Artilleriegeschützen und anderem Kriegsmaterial aus Holz oder Gummi als Ablenkung auf. In Wirklichkeit landeten die Alliierten am 6. Juni 1944 in der Normandie.

Eine vergleichsweise Taktik kann auch in Verhandlungen angewendet werden, insbesondere wenn man weiß, dass der Verhandlungspartner in bestimmten Punkten sehr empfindlich reagiert, wie folgendes Beispiel zeigt:

Stundenlang über die Haftungsklausel verhandeln, auch wenn man weiß, dass die andere Seite an dieser Stelle enge Vorgaben hat und man selbst auch entgegenkommend sein könnte. Nach einiger Zeit dann doch nachgeben und sagen, man würde diesen Punkt aufgeben, aber als „Gegenleistung" etwas anderes verlangen, z. B. den viel wichtigeren Preisnachlass: „Ok, dann müssen Sie mir aber *wenigstens* beim Preis entgegenkommen".

Wenn Sie dieses Spiel erkennen, dann kann das „wenigstens" in der Aussage des Verhandlungspartners schon als Unverschämtheit wahrgenommen werden, denn tatsächlich dürfte sich Ihr Verhandlungspartner auch freuen, dass beide Parteien einen Kompromiss gefunden haben und offensichtlich beide damit leben können.

3.2.9 Nichts sagen (Stille) und warten, bis die andere Seite ihr erstes Angebot macht

Personen aus dem deutschen Kulturkreis ertragen oft keine Stille. Ganz im Gegenteil, viele halten sich für „Macher". Macher sitzen nicht still herum, sondern sie agieren, erobern und gewinnen Verhandlungen. Zumindest ist es das, was im deutschen Kulturkreis gern gesehen ist und viele für sich verinnerlicht haben. Diese Mentalität kann allerdings von „smarten" Verhandlungsführern ausgenutzt und vielleicht sogar missbraucht werden. Das folgende Beispiel eines Autokaufs verdeutlicht das ein wenig besser:

Ein Autohändler hat einen Gebrauchtwagen für 10.000 EUR angeboten. Wenn es ganz blöd läuft, würde er das Fahrzeug auch für 9000 EUR verkaufen. Ein Kunde kommt auf den Hof und schaut sich das Fahrzeug an und sagt nichts. Der Verkäufer preist das Auto immer mehr an. Aber der Kunde sagt immer noch nichts. Der Verkäufer denkt sich, der will eigentlich das Auto gar nicht und ergreift die Initiative und bietet das Auto für 9500 EUR an. Der Kunde sagt „also 9500 € ist Ihr erstes Angebot" und die Preisverhandlungen beginnen, aber nicht mit den zuerst angeboten 10.000 EUR, sondern mit den 9500 EUR.

Der Verkäufer, vom Typ „Macher" hat die Stille des Kunden nicht vertragen. Er ist es gewohnt, gleich aktiv zu werden, zu feilschen und zu handeln; aber diese Stille, die hat ihn nervös gemacht und so zu einem neuen ersten Angebot verleitet.

3.2.10 Guter Bulle/Böser Bulle

Die älteste und wahrscheinlich bekannteste Taktik ist sicherlich die „Bad Cop und Good Cop" Taktik (zu Deutsch „Guter Bulle / Böser Bulle"): Der böse Bulle macht Druck, damit sich der Verbrecher dem guten Bullen anvertraut. Bei Verhandlungen besteht in der Praxis häufig das Problem, dass sich die handelnden Personen nicht an ihre Rollen halten, sondern in ihr eigenes Muster verfallen. Hinzu kommt, dass diese Taktik wirklich sehr bekannt ist und leicht durchschaut werden kann.

Treffen Sie aber in einer Verhandlung wirklich auf dieses Rollenspiel „Guter Bulle / Böser Bulle", so machen Sie es sich einfach und reden nur mit dem guten Bullen. Ignorieren Sie den Bösen. Damit fühlt sich dieser ausgeschlossen und verliert seine Rolle. Der Gute dagegen kann im Grunde nur nachgeben, weil es seine Rolle ist, ihm fehlt sein Gegenpart.

So einfach kann diese Verhandlungstaktik gesprengt werden!

3.2.11 Nerven durch „Themen immer wiederholen"

Eine durchaus leidige Taktik ist es, wenn Ihr Verhandlungspartner immer wieder und ausschließlich seine Position wiederholt, ohne dass er signalisiert, dass er bereit wäre, Kompromisse einzugehen. Man könnte in solchen Fällen den Eindruck gewinnen, dass die andere Seite etwas unterbelichtet oder nur sehr einfach gestrickt ist. Aber genau das Gegenteil ist der Fall, es ist sehr schwer, sich an diese Taktik zu halten und damit seinen Gegenüber mürbe zu machen.

Ein gutes Beispiel waren die (indirekten) Verhandlungen zwischen dem Bayern König Ludwig II. (der mit den Schlössern) und Bismarck zur Reichseinheit 1870/71. Ludwig II. hat mit seiner zaudernden und leicht sielen Art den „Macher" Bismarck in die Weißglut getrieben, weil er immer wieder seine Forderungen nach Geld stellte und sich mit nichts einverstanden erklärte. Am Ende stimmte er der Reichseinheit doch zu und erhielt als Gegenleistung sehr viel Geld aus Preußen, womit er angeblich seine Schlösser finanziert haben soll. Nun tat die Zahlung den Preußen aber nicht wirklich weh, weil das Geld aus Reparationszahlungen der Franzosen kam, die 1870/71 den Krieg gegen Deutschland verloren hatten. Man könnte somit behaupten, dass die Franzosen letztendlich die schönen Schlösser in Bayern bezahlt haben und das alles nur dank der Verhandlungstaktik von Ludwig II.

Als der Verhandlungspartner auf der anderen Seite muss man den Prozess des ständigen Wiederholens und Lamentierens unterbrechen. Hierzu kann man freundlich, aber direkt sagen: *„diesen Punkten haben Sie bereits mehrfach erwähnt"*. Bleibt Ihr Verhandlungspartner dennoch bei dieser Taktik, bleibt Ihnen nur der geordnete Rückzug, d. h. Abbruch der Verhandlungen. Denn hat ein Verhandlungspartner einmal Erfolg mit dieser Taktik, wird er sie auch in späteren (Nach-) Verhandlungen wieder gegen Sie einsetzen.

3.2.12 Im letzten Augenblick noch Nachforderungen stellen

Eine sehr beliebte Taktik ist es, im letzten Augenblick noch Nachforderungen zu stellen. Alle sind zufrieden, dass die schweren Verhandlungen zu Ende sind und glauben, nun kann der Champagner geöffnet werden. Da kommt die andere Seite noch einmal mit einer Nachforderung, mit der bisher keiner gerechnet hat. Vielleicht hat man schon den großen Erfolg bei den eigenen Leuten verkündet und an den Verhandlungstisch will man sowieso eigentlich nicht zurück.

Natürlich steht man nun unter großem Druck: Wer will schon kurz vor der Einigung noch den Deal scheitern lassen, wegen so einer Kleinigkeit? Bleiben Sie an dieser Stelle dennoch hart und geben Sie nicht nach (denken Sie an Hemingway: „Haltung im Angesicht der Gefahr"). Die andere Seite steckt übrigens unter dem gleichen Druck!

3.2.13 Appeasement Taktik – Gebt ihm doch was er will, dann ist er endlich ruhig

Sie kennen das, die andere Seite nervt, weil sie etwas will. Sie können diese Forderung auch grundsätzlich nachvollziehen. Also warum dem Verhandlungspartner nicht das geben, was er will – vor allem, wenn es Ihnen nicht großartig weh tut? Im Englischen wird diese Taktik als Appeasement (Beschwichtigungspolitik, von frz. Apaiser, lat. Pax, „befrieden") bezeichnet. Dabei ist die Appeasement-Politik eine Politik der Zugeständnisse, der Zurückhaltung, der Beschwichtigung und des Entgegenkommens gegenüber Aggressoren zur Vermeidung von Konflikten.

In ihren Ausmaßen ist die zuvor beschriebene Situation sicherlich nicht mit der Lage von München 1938 vergleichbar, dennoch sind die Verhaltensformen sehr ähnlich. Als Deutschland Österreich besetzte, protestierte Großbritannien nicht gegen den „Anschluss", weil es diesen wegen mangelnder Gegenwehr der Österreicher als interne Angelegenheit Deutschlands und Österreichs betrachtete. Erst als Hitler die Sudetenkrise herbeiführte und damit drohte, das Sudetenland (Gebiete des heutigen Tschechien, die mehrheitlich von Deutschen bewohnt waren) zu besetzen, schien der Krieg unvermeidlich. Doch auf einer internationalen Konferenz in München Ende September 1938 gaben die Westmächte Großbritannien und Frankreich noch einmal nach und schlossen mit Hitler das Münchner Abkommen, das ihm die Annexion der Sudeten-deutschen Gebiete erlaubte.

Also, wenn Sie einem aggressiven Verhandlungspartner etwas geben wollen, dann sollten sie das nur tun, wenn sie auch eine entsprechende Gegenleistung erhalten. Geschenke ohne Gegenleistung machen Sie in den Augen Ihres Verhandlungspartners zu einem schwachen Verhandlungspartner und verleiten unter Umständen zur Ausweitung des aggressiven Verhaltens bzw. der Forderungen. Denken Sie an München 1938 und dass Hitler mit der Annexion des Sudetenlandes nicht zufrieden war, sondern bald darauf Polen überfiel.

3.2.14 Die „Salami" Taktik

Wahrscheinlich ist diese Taktik auch schon bekannt, weil sie auch gerne im privaten Umfeld verwendet wird. Man offenbart nicht alle schlechten Informationen auf einmal, sondern nur nach und nach (Scheibe für Scheibe). Somit erscheint das Schlechte weniger schlecht oder die andere Seite ist irgendwann mal froh, dass keine weiteren schlechten Nachrichten mehr kommen. Grundsätzlich ist diese Taktik keine schlechte Idee, aber manche Parteien mögen lieber einmal einen großen Knall, als tröpfchenweise schlechte Nachrichten. Dies sollte man zuvor immer abschätzen, bevor man diese Taktik anwendet. Auch muss man im Vorfeld abschätzen, wie viele Scheiben man dem anderen Verhandlungspartner zumuten kann, bevor das Fass doch überläuft.

Sind Sie Empfänger dieser Taktik und erkennen diese, so sprechen Sie dieses an und klären Sie mit der anderen Partei, was da noch alles kommen könnte.

3.2.15 Wenn der Feind mächtiger ist

Und was tut man, wenn die andere Seite viel mächtiger ist? Grundsätzlich ist in diesen Fällen ein geordneter Rückzug eine gute Wahl. Aber ist die andere Seite wirklich so viel mächtiger? Schauen wir doch in die Bibel, in die Geschichte von David und Goliath. Im Grunde hatte der übermächtige Goliath nie eine reale Chance gegen David – auch wenn es im Vorfeld genau andersherum aussah. Der große und starke Goliath war auf den Nahkampf eingestellt, während David es gar nicht erst zum Nahkampf kommen ließ, sondern Goliath mit seiner Steinschleuder niederstreckte. David hat als Außenseiter seine hocheffektive Steinschleuder genutzt und sich nicht auf die alten Spielregeln des Nahkampfes eingelassen. Mit anderen Worten: Lassen Sie sich niemals auf die Spielregeln des Mächtigeren ein, suchen Sie die Schwachstellen des Mächtigen und nutzen Sie diese.

So denkt man immer, dass ein Großkonzern einem mittelständischen Unternehmen überlegen wäre. Allein schon durch die Größe des Unternehmens würden sich Vorteile ergeben. Aber genau diese Vorteile können – wie bei Goliath – den Großkonzern schwach werden lassen. Z. B. führt seine Größe zu einer gewissen Trägheit, sodass er niemals so schnell agieren wird können, wie ein mittelständisches Unternehmen.

3.3 Professionell handeln

Eine häufige Frage in Seminaren ist, wie agiere ich aber dann in der Verhandlung?

Unsere (gehasste) Antwort ist: „Hoffentlich **professionell!**"

Sicherlich ist das Wort professionell in der heutigen Zeit ein Ideal was oft erreicht werden soll, aber mit dem nicht wirklich eine konkrete Ansicht oder Aussage verbunden ist. Vergleichbar wie im Kaiserreich das Wort „Disziplin": Jeder sprach davon, aber es gab kaum eine konkrete Definition dazu.[12] Von jemandem, der professionell handelt, wird ein erhöhtes Maß an Kenntnissen, Fertigkeiten und Fähigkeiten erwartet. Es wird eine ausgeprägte professionelle Distanz von einer Person erwartet und ein „cooles" bzw. gelassenes Auftreten auch in nicht einfachen Situationen.

Nicht professionell handelt derjenige, der stur an Regeln festhält, auch wenn sie in bestimmten Situationen einfach keinen Sinn mehr machen. Der professionell Handelnde ist geistig flexibel und kann sich auf neue Herausforderungen einstellen, ohne das Ziel aus den Augen zu verlieren. Er handelt nach einem nicht genau definierten Idealbild, aber weiß was die jeweiligen Verhandlungen zum Erfolg bringen oder scheitern lassen kann. Ich denke an den folgenden kleinen (banalen) Alltagsbeispielen lässt sich professionelles Handeln erkennen.

Beispiel:
Morgens 10 min länger in Bett bleiben, bedeutet:

- 30 min mehr auf der Autobahn verbringen (Stau)
- Kein Parkplatz, da das Parkhaus voll ist
- Strafzettel,weil man falsch parkt

Gilt aber nicht für Samstage, Feiertage oder an Urlaubstagen (Flexibilität)

Morgens keine Rückengymnastik bedeutet:

* Den ganzen Tag Rückenschmerzen
* Schlechte Laune
* Genervte Mitarbeiter

Gilt aber nicht, wenn man gleich nach dem Aufstehen ins Gym geht (Flexibilität)

Lee Strasberg, ein berühmter Schauspiellehrer, der vor allem in New York unterrichtet hat, gilt als Begründer der Schauspielmethode „Method Actings." Beim Method Actings arbeitet der Schauspieler mit Erinnerungen an eigene Erlebnisse und mit Entspannungstechniken. D. h. nun nicht, dass Sie zum Schauspieler in einer Verhandlung werden sollen (obwohl, es kann nicht schaden, wenn man in Verhandlungen schauspielerisches Talent einsetzen kann). Aber stellen Sie doch vor, wie der ideale Verhandlungsführer in dieser Situation, in der Sie sich gerade befinden, sich idealerweise verhalten würde und wie Sie sich in einer vergleichbaren Situation schon einmal erfolgreich verhalten haben. Also erfinden Sie sich Ihr eigenes Ideal und spielen Sie dieses nach. Das ist das professionelle Verhandeln, was Sie suchen.

Lee Strasberg definierte das Schauspielen nicht als Talent zur „Nachahmung" oder „Exhibitionismus", sondern als „Fähigkeit, auf imaginäre Reize zu reagieren". Daher gliederte er den Schauspielunterricht in Entspannungs- und Erinnerungsübungen. Der Schauspieler solle sich vier Fragen über seine Figur und ihre gegenwärtige Situation stellen.[13]

* Wer sie ist.
* Wo sie ist.
* Was sie dort tut (Handlung und Absicht).
* Was geschehen ist, bevor sie dorthin kam (gegebene Umstände).[14]

Es ist sehr hilfreich, wenn Sie sich vor oder auch während einer Verhandlung diese Fragen stellen, um sich selbst zu kontrollieren und um sich im Laufe der Verhandlungen nicht zu verlieren.

Verhandlungen gehen oft über Stunden, ich kann mich da an eine schmerzhafte Verhandlung über 18 h erinnern, bei der am Ende der Vertrag ausverhandelt sein sollte. Was aber leider trotz der 18 h nicht gelungen ist. Wenn man sich überlegt, dass die Dauer dieser Verhandlungen fast drei volle Arbeitstage umfasst und dennoch kein Ergebnis erzielt wurde, dann wird einem schon bewusst, wie unsinnig so eine lange Verhandlung ist. Aber der Gedanke der Teilnehmer war, man sei besonderes professionell, wenn man so lange verhandeln würde. Aber das sind völlig falsche Vorstellungen! Wir glauben gerne, dass effektive Verhandlungen schnell gehen müssen, aber das ist völlig falsch. Kein Mensch erinnert sich nach einer millionenschweren Vertragsverhandlung noch daran, wie lange die Verhandlungen gedauert haben und glauben Sie uns, niemand klopft Ihnen auf die Schulter, weil Sie so lange an einem Stück verhandelt haben. Im Gegenteil, nach 8 h intensiver Verhandlungen lässt die Konzentration erheblich nach und man beginnt, Fehler zu machen. Wir versichern Ihnen gerne: Man wird sich nicht mehr an Ihren 18 h Verhandlungsmarathon erinnern, aber auf jeden Fall an Ihre Fehler in der Verhandlung. Umso wichtiger sind Entspannungseinheiten während der Verhandlungen, um neue Kraft zu schöpfen. Dieses Entspannen kommt in der Regel nicht durch Pausen, da man meist in den Pausen auch mit seinem Verhandlungspartner spricht oder mit den Kollegen weitere Schritte abstimmt. Wichtiger ist das Erlernen von Entspannungstechniken. Durch den Einsatz von Entspannungstechniken können Sie Ihre Konzentrationsfähigkeit steigern. Autogenes Training und Progressive Muskelentspannung sind die beiden klinisch bedeutsamsten Entspannungsverfahren. Allein diese Verfahren wurden speziell zur Übung der Entspannungsreaktion entwickelt, während die meisten Methoden, die auch als Entspannungsverfahren angewendet werden, andere primäre Zielsetzungen haben. Beide Methoden sind relativ leicht zu erlernen. Hierzu gibt es viele Bücher und Audio-CDs die zum Selbststudium angeboten werden.

Um die Gedanken zur Professionalität in die Praxis umzusetzen, werden wir einige Bespiele für professionelles Handeln darstellen und erläutern.

3.3.1 Bedeutung von Entschuldigungen

Seien Sie sich nicht zu fein für Entschuldigungen! Wenn Sie einen Fehler gemacht haben, dann gestehen Sie diesen auch ein. Nur das ist professionell, denn:

- Eine Entschuldigung bedeutet Respekt, Wertschätzung und Interessiertheit an den Gefühlen anderer.
- Sie funktioniert aber nur, wenn die Entschuldigung ernst gemeint ist.
- Daher sollten Sie sich nur entschuldigen, wenn Sie tatsächlich für etwas verantwortlich waren oder zumindest mit-verantwortlich (Organisation) sind!
- Ansonsten könnte man eine unangebrachte Entschuldigung als „schleimig" oder „soft" empfinden.
- Auch bei kleinen Fehlern sollten Sie sich entschuldigen, aber angemessen

  - „Sorry" bei ….
  - „Entschuldigung" bei …
  - „Tut mir leid" bei
  - „Ich bitte um Verzeihung" bei …

- Im Zweifel gilt der berühmte Satz: „lieber einmal zu viel entschuldigen als einmal zu wenig".

3.3.2 Die Bedeutung des Wortes „NEIN"

Die Aussprache es Wortes „nein" wird häufig als ein Schlag ins Gesicht vom Gegenüber wahrgenommen. Abweisender kann man schon fast nicht mehr sein und fragen Sie sich einmal selbst, wie ein einfaches „nein" auf Sie wirkt.

Die Verwendung des Wortes „nein", sollte daher ein professioneller Verhandlungsführer grundsätzlich vermeiden. Daher niemals „nein" sagen, sondern:

- Ja, **lediglich** …
  Sehr gut! „Lediglich" hört sich fast schon nach einem ganzen „ja" an
- Ja passt, wir müssten dann nur noch …
  Fast so gut wie **„lediglich"**
- Ja, aber
  Zwar nicht richtig nicht gut, aber möglich!

3.3.3 Die Bedeutung des Wortes „Aber"

Seien Sie sich gewiss, dass alles, was vor dem Wort „aber" gesagt worden ist, nach dem „aber" in Vergessenheit geraten wird. Viele Vorgesetzte machen den Fehler, dass sie ihre Mitarbeiter loben und dann irgendwann das Wort „aber" verwenden („Sie haben da einen tollen Erfolg beim Kunden XY erzielt, aber …"). Was dazu führt, dass der Mitarbeiter sich nur noch daran erinnert, was alles Schlechtes nach dem „aber" kam. Das gleiche gilt für eine Verhandlung. Deshalb verzichten Sie lieber auf dieses kleine, aber so bedeutsame Wort „aber".

Am besten nutzen sie das Wort „ja" in der Verbindung mit dem Wort „lediglich". Lediglich empfindet der Hörer immer noch positiv, da in seinem Verständnis „lediglich" eine Kleinigkeit noch nicht passt, aber grundsätzlich wurde das Vorgeschlagene positiv aufgenommen. Natürlich können Sie das „lediglich" nach diesem ersten Satz erheblich ausbauen. Aber Ihre Kritik ist deutlich besser verpackt.

3.3.4 Zusammenfassen der Meinung des anderen

Wenn Sie Ihrem Gegenüber in einer Verhandlung Ihre Wertschätzung zeigen wollen, dann fassen Sie seine Punkte und Aussagen zusammen und geben Sie noch einmal wieder. Das wirkt sehr:

- wertschätzend,
- zeigt dem Verhandlungspartner, dass man ihn verstanden hat und
- sollte so gestaltet sein, dass die Formulierung der Meinung des anderen in Richtung der eigenen Lösung strebt.

3.3.5 Änderungen (Mark up's) in Vertragsentwürfen

Leider werden Jurastudenten danach bewertet, wie viele Punkte sie in einem Sachverhalt finden, um diese dann entsprechend juristisch zu bewerten. In der Praxis kommt es jedoch nicht darauf an, sehr viele Punkte zu finden, sondern nur die wichtigen.

Eine wirklich sehr verbreitete Krankheit – gerade unter Juristen – ist die „weißes Pferd / Schimmel-Krankheit". Das bedeutet: Ich ändere im Vertrag oder in einer Verhandlung etwas, nur weil es so klingen soll, wie ich mir das vorstelle, obwohl beide Varianten die gleiche oder fast gleiche rechtliche Bedeutung haben:

A schreibt: „Die Firma x schuldet ein weißes Pferd"
B antwortet: „Die Firma x schuldet ~~ein weißes Pferd~~ einen Schimmel".

Wenn man sich mit Pferden auskennt, weiß man, dass jedes weiße Pferd ein Schimmel ist. Daher ist es juristisch egal, ob man von einem weißen Pferd oder von einem Schimmel spricht, denn in beiden Fällen ist das gleiche geschuldet. Nun kann man als Dogmatiker sicherlich vertreten, dass – sofern es einen Fachausdruck gibt – man diesen auch verwenden sollte. Das mag vielleicht in einer juristischen Klausur das Pünktchen auf dem „i" sein, aber für die Praxis bedeutet dieses, dass es wieder eine unnötige Stelle mehr im Vertrag gibt, die „rot" ist (Rot = kennzeichnet die geänderte Stelle). Vielleicht hilft es dem externen Anwalt, eine weitere abrechenbare Stunde aufzuschreiben, aber der Verhandlung hilft es nicht. Sie wird dadurch in der Tat uneffektiv, oft entsteht eine gewisse Unsicherheit auf der anderen Seite, weil vielleicht doch etwas mehr dahintersteckt (vielleicht ist ein Schimmel doch nicht genau das gleiche wie ein weißes Pferd) und vor allem nervt es die andere Seite, permanent an kleine Fehler erinnert zu werden.

Man sollte sich bei Mark up's/Änderungswünschen darum bemühen, so wenig wie möglich zu ändern. Selbstverständlich sollte man die wirklich wichtigen Punkte behandeln. Lieber wenige Änderungen, aber wirksame!

Wir haben auch mal den Fall erlebt, dass ein großer Versicherungskonzern einfach gesagt hat, „ich diskutiere mit Ihnen diese 100 Änderungen nicht, wir sind doch nicht in der Uni. Wenn Sie mit unserem Konzern arbeiten wollen, dann können sie sich 5 Änderungen im Vertrag erlauben, aber über mehr reden wir nicht mit Ihnen". Hätten die Kollegen statt der 100 Änderungen nur 20 Änderungen vorgenommen, hätte man sicherlich diese 20 Änderungen diskutiert. Aber 100 Änderungen empfand die andere Seite als sehr extrem, zeigt eine solch hohe Zahl auch, dass die Parteien in ihren Vorstellungen und Erwartungen weit auseinander liegen und man hat entsprechend geantwortet. Es gilt halt nach wie vor der alte Satz von Mies van der Rohe „Weniger ist mehr".

Das gleiche gilt für die Rechtschreibung, kommentieren sie niemals während der Verhandlungen Rechtschreibfehler der anderen Seite. Erstens ist das für die andere Seite peinlich, obwohl Rechtschreibfehler durchaus mal passieren können, und zweitens haben Sie noch mehr rote Stellen im Vertrag geschaffen. Öffnet die andere Seite den von Ihnen kommentierten Vertrag und sieht nur rote Änderungen, dann geht entsprechend die Stimmung in den Keller – auch wenn es nur Rechtschreibfehler sind. Die Rechtsschreibung sollte immer erst am Ende behoben werden und dann vielleicht von Personen, die an der Verhandlung nicht beteiligt waren, korrigiert werden, da diese Personen einen ungetrübten Blick haben. Denken Sie daran: *„wer Rechtschreibfehler findet, kann Sie auch behalten."*

Noch so ein Punkt, der überhaupt nicht geht: Der Autor von Mark Up's (Änderungen) kopiert einfach die Standardklauseln aus seinem Vertrag in die Vorlage der anderen Seite hinein und ersetzt damit bereits vorhandene Klauseln. Das mag vielleicht auf den ersten Blick eine effektive Übung sein, denn die eigenen Standardklauseln sind in der Regel besser und intern schon genehmigt, aber es führt dazu, dass die andere Verhandlungsseite sehr verstört ist. Die Verhandlungen sind damit keinen Schritt weitergekommen. Ich persönlich habe deswegen schon mal den Vertreter eines großen Telekommunikationskonzerns mit der Bitte „er solle mal seine Mark Up's überdenken" einfach wieder nach Hause geschickt. Das Hereinkopieren von Standardklauseln ist zudem auch keine Wertschätzung, sondern eher das Gegenteil!

In der Praxis hat sich bewährt, nicht sofort einen Vertragsentwurf zu kommentieren und eine geänderte Version zurückzuschicken, sondern zunächst einmal – gerne ohne Juristen – über die Grundprinzipen Einigkeit zu erzielen. Hinter jeder Vertragsklausel steckt ein Prinzip, wie der Verwender dieser Klausel ein Thema sieht. Beispiel: Vertragslaufzeit und Kündigungsmöglichkeiten. Häufig finden sich in Verträgen sehr lange Klauseln zu dem Thema. Wenn man aber darüber spricht und hinterfragt, z. B. warum hat der Verkäufer eine Mindestvertragslaufzeit von 3 Jahren vorgesehen? Warum hat der Kunde eine längere Kündigungsfrist als der Anbieter? Dann klären sich viele Dinge und die Vertragsklauseln müssen dann nur noch von den Juristen angepasst werden. Diese Vorgehensweise bietet zudem ein hohes Maß an Zufriedenheit auf beiden Seiten, weil es gelingt, schon früh Verhandlungsergebnisse zu erzielen.

3.3.6 Vormeeting als professionelle Vorbereitung

Wir Businessmenschen sind ja so effektiv! Sie kennen sicherlich das Beispiel: Ein Holzarbeiter geht los, um im Wald Holz zu hacken. Kurz vor dem Wald fällt ihm auf, dass er das Beil vergessen hat. Was tut er? Er geht weiter in den Wald, weil es zu viel Zeit kosten würde, jetzt noch das Beil von Zuhause zu holen.

Wir verhandeln zwar jeden Tag, aber gehen Sie mal zu Ihrem Chef und lassen Sie sich den Etat für ein Verhandlungstraining genehmigen. Ich habe schon so viele Schulungen genehmigt bekommen für Themen, die im nächsten Jahr einfach wieder out waren, aber für so grundsätzliche Themen, die man jeden Tag braucht, ist kein Geld da.

Das gleiche gilt für Vormeetings. Ach, wir brauchen kein Vormeeting, das kostet doch zu viel Zeit und es ist doch eh klar was wir wollen (aber nicht wie wir dahin kommen!). Oder das Vormeeting findet in dem knappen Zeitraum statt, in dem der Lieferant oder Kunde vom Empfang abgeholt wird und zum Verhaltungsraum gebracht wird.

Wir können Ihnen nur versichern, dass sich gerade bestimmte Konzerne extrem gut auf wichtige Verhandlungen vorbereiten. Teilweise sogar schon mit echtem Profiling! D. h. sie wissen genau, auf wenn Sie treffen und welche Interessen diese Personen haben. Mir persönlich ist es schon passiert, dass ich von der tiefen Kenntnis meines Vertragspartners über meine Person überrascht wurde: Wir führten Verhandlungen mit einem großen Softwarekonzern. Die Verhandlungen begannen mit einer Dame, die dann schwanger wurde und durch einen Kollegen ersetzt wurde. Die Verhandlungen dauerten ca. ½ Jahr, am Ende der Verhandlungen kam der General Manager des Softwarehauses aus den USA und fragte mich nach dem Steakhaus, welches mir so gut in seiner Heimatstadt gefallen hat. Nun muss man wissen, dass ich dieses Steakhaus ihm gegenüber nie erwähnt habe, sondern nur im allerersten Gespräch mit der schwangeren Dame! – Diese Firma war sehr professionell und sicherlich auch ein Grund dafür, warum dieses Unternehmen so erfolgreich ist.

Nun, sie brauchen kein Profiler und auch keine Datenbank über Steakhäuser in den USA. Aber folgende Fragen sollte man sich im Vormeeting stellen:

- Welche Ziele haben wir für die Verhandlung?

  - Preis
  - Leistung
  - Vertrag
  - etc.

- Wie sieht unsere Alternative aus, wenn wir nicht zu einem Ergebnis kommen?

  - Abbruch der Verhandlungen (geordneter Rückzug und sammeln)
  - Neuer Termin, nach Rücksprache mit dem Management
  - Verhandlungen einstellen und mit dem Mitbewerber weitermachen

- Welche Alternativen/Lösungen können wir anbieten (mindestens zwei)?

  – Preissenkung
  – Vertragliche Alternativen
  – Etc.

- Wenn Sie Schwächen Ihrer Kollegen kennen, sprechen sie diese im Vormeeting an

  – Niemals hart, sondern gezielt und als Hinweis

- Wer kommt von der anderen Seite zur Verhandlung?

  – Namen
  – Funktionen (Vertrieb/Einkauf; Techniker, Jurist, ext. Berater)
  – Wer ist der Verhandlungsführer

- Welche Interessen haben diese Personen?

  – Vertrieb: will schnell eine Unterschrift
  – Einkauf: will Einsparungen generieren
  – Techniker: Stabile Lösung
  – Jurist: Sicheren Vertrag
  – Externer Berater: Keine kurzen Verhandlungen

- Wertesysteme der Beteiligten?

  – Sichtweisen aus dem Unternehmen (Behörde, Investmentbank, Großunternehmen, Mittelstand, etc.)
  – Sichtweisen aus der Herkunft (Sozialer Status, Ausbildung, Region, etc.)
  – Sichtweise aus der Hierarchie im Unternehmen

Wir sprechen an dieser Stelle auch vom „Einsingen". Damit ist gemeint, dass ein Vormeeting auch wichtig ist, alle eigenen beteiligten Personen auf die gleichen Ziele einzuschwören und mögliche „Ausreißer" einzufangen. Siehe dazu auch das Kapitel Taktik.

Es stellt sich auch oft die Frage, woher die Informationen für die oben aufgeführten Punkte kommen. Hier einige – sicherlich sehr bekannte – Beispiele:

- Personen

  - Social Media wie LinkedIn, Facebook, Instagram etc.
  - Publikationen
  - Reden auf Kongressen
  - Persönlicher Kontakt durch Kollegen oder Freunde
  - Netzwerke (Verband, Arbeitsgruppen, etc.)

- Firma

  - Website
  - Letzter Geschäftsabschluss
  - Informationen durch Referenzkunden oder nicht Referenzkunden
  - Etc.

Manche Kollegen haben ein Problem damit, diese Information zu verwenden. Aber warum? Wenn diese Informationen geheim wären, dann würde man sie sicherlich nicht freiwillig ins Netz stellen, oder?

3.3.7 Wie bringe ich meine Argumente am besten ein?

Oft werden Argumente in eine Verhandlung so eingebracht, wie sie den Verhandlungspartnern gerade durch den Kopf gehen. Es wird sich wenige Gedanken darüber gemacht, wie sie wirken und vor allem wie man sie am wirksamsten einbringen könnte. Das gilt nicht nur für mündliche Verhandlungen, sondern noch mehr für schriftliche Verhandlungen, z. B. Argumente in E-Mails.

Folgende Vorgehensweise zur Darstellung von Argumenten habe ich von einem sehr erfahren Prozessanwalt in den USA gelernt. Er hat damit immer erfolgreich die Jury auf seine Seite gezogen.

Zunächst sammelt man seine Argumente, einfach wild durcheinander. Es wird aber schnell deutlich, dass es starke Argumente, mittelgute und schwache Argumente gibt. Natürlich kann man alle Argumente

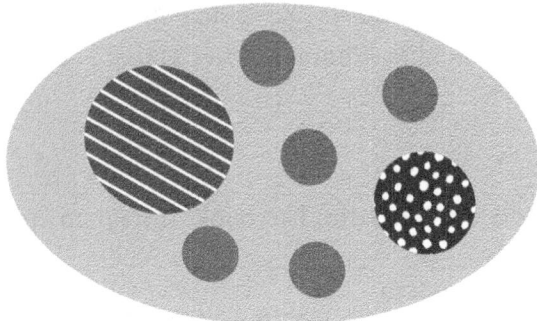

Abb. 3.2 Stärke von Argumenten symbolhaft dargestellt. Großer gestreifter Punkt: Starkes Argument, mittelgroßer Punkt mit Punkten: mittelstarkes Argument, kleine Punkte: schwache Argumente. (Quellenangabe: Mono Becker)

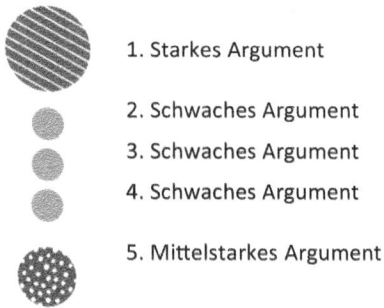

1. Starkes Argument

2. Schwaches Argument

3. Schwaches Argument

4. Schwaches Argument

5. Mittelstarkes Argument

Abb. 3.3 Reihenfolge der Argumente. (Quellenangabe: Mono Becker)

einfach so einbringen, wie sie einem durch den Kopf gehen, aber professionell ist das nicht.

Versuchen Sie doch mal folgende Vorgehensweise, symbolhaft in Abb. 3.2 dargestellt: Sammeln Sie all Ihre Argumente und bewerten Sie diese nach folgenden drei Kategorien: Starkes Argument, mittelstarkes Argument und schwaches Argument.

In Ihrer Argumentation wenden Sie dann bitte folgende Reihenfolge der Argumente an: Beginnen Sie mit dem starken Argument, dann folgen die schwächeren Argumente und abschließen sollten Sie mit einem mittelstarken Argument, wie in Abb. 3.3 dargestellt.

Ein sehr starkes Argument am Anfang sorgt für Aufmerksamkeit und der Empfänger denkt, „puh, das war schon stark, was wohl noch kommt?". An die Argumente in der Mitte erinnert sich der Empfänger selten, daher sollten dann schwache Argumente verwendet werden. Der Empfänger erinnert sich nur daran, dass es sehr viele waren. Am Ende bringen Sie dann noch ein Highlight, daran erinnert sich der Empfänger ebenfalls und es lässt die Argumente in der Mitte stärker erscheinen.

3.3.8 Schnell und effektiv

Im deutschen Kulturkreis glauben viele Verhandlungsführer, dass Verhandlungen schnell und effektiv sein müssen. Verhandlungen wie auf einem orientalischen Basar werden abgelehnt oder entsprechen nicht der Würde der Verhandlungspartner. Man soll nicht viel Zeit für die Verhandlungen verbrauchen, die könnte man doch besser hinterher in der Umsetzung des Vertrages nutzen.

Dagegen sprechen folgende Argumente:

- Kein Mensch erinnert sich Jahre später daran, wie schnell und effektiv eine Verhandlung war (genauso erinnert sich auch niemand, wie lang und mühsam eine Verhandlung war – siehe oben). Insbesondere dann nicht, wenn das Ergebnis sich im Nachhinein als schlecht herausstellt!
- Deutsche neigen aus der Preisbindungszeit dazu, nicht gerne und lange verhandeln zu wollen, sie haben es nie gelernt, es gilt als unhöflich, nach einem Rabatt zu fragen (was sich langsam ändert!).
- In anderen Ländern ist Verhandeln ein Spiel, es soll Freude machen und schafft Respekt und Freundschaft.

3.3.9 Bedeutung von Flexibilität

„Take it or leave it" – diese bereits oben erwähnte Taktik ist nicht wirklich eine Form von Verhandlungen. Die Verhandlungsfrüher sind sehr unflexibel und eigentlich ist diese Form der Taktik keine richtige Verhandlung.

Auf der anderen Seite rennen viele Verhandlungsführer in eine Verhandlung mit „nur" einer Idee/Lösung und wollen diese umsetzen – sie sind geradezu davon „besessen". Ein gutes Beispiel dazu hierfür findet sich in der zehnten Folge der dritten Staffel der TV Serie „House of Cards." (sehen Sie nach ☺)

Ist der Verhandlungsführer auf der anderen Seite smart, nutzt er diese Besessenheit der anderen Seite radikal aus. Er stellt eine radikale Gegenforderung auf, die die Taktik des Besessenen völlig aus der Bahn wirft. Ergebnis ist dann häufig: Der Besessene ist völlig planlos und taumelt. Dabei verliert er völlig die Übersicht.

DAHER:

- Niemals in eine Verhandlung ohne Aufklärung gehen „Nebel des Krieges" aufdecken (v. Clausewitz – vom Kriege)
- Wertesystem abgleichen: Könnte meine Lösung nicht nur mir gefallen, sondern auch der anderen Seite?
- Sich eher langsam angleichen und sein Lösungsangebot überprüfen,

Flexibel sein!

3.3.10   Haltung im Angesicht der Gefahr

Ein sehr berühmtes Zitat des Schriftstellers Ernest Hemingway ist – verkürzt wiedergeben – „Haltung im Angesicht der Gefahr" aus seinem Buch Schnee auf dem Kilimandscharo.

Der Protagonist dieses Buches ist auf einer Safari in Kenia, d. h. in der ostafrikanischen Wildnis unterwegs. Plötzlich rennt ein Löwe aggressiv auf den Protagonisten zu, wie in Abb. 3.4 beispielhaft dargestellt. Der Protagonist nutzt sein zweiläufiges Jagdgewehr, allerdings trifft der erst Schuss nicht. Die natürliche Reaktion des Protagonisten wäre, das Gewehr wegzuwerfen und schnell davonzulaufen. Aber natürlich wäre der Löwe immer schneller! Also setzt der Protagonist, symbolhaft in Abb. 3.5 dargestellt, noch einmal an, holt tief Luft und schießt. Der Schuss sitzt und der Löwe stirbt vor den Füssen des Protagonisten.

Abb. 3.4 Im Anblick der Gefahr. (Quellenangabe: TeacherPhoto – stock.adobe.com)

Abb. 3.5 Ein Schuss, ein Treffer? (Quellenangabe: fritzmax – stock.adobe.com)

Diese Situation meint Hemingway, wenn er – verkürzt – von „Haltung im Angesicht der Gefahr" schreibt. Es hilft nicht wegzurennen! Die Gefahr läuft immer schneller und wird uns auf der schwachen Seite einholen. Es ist daher besser, sich der Gefahr mit einer eigenen starken Seite zu stellen.

- Davon rennen?

Oder

- Durchladen und zweiten Schuss?

3.3.11 Rückzug/BATNA

Etwas völlig anderes als eine Flucht ist der taktische und geordnete Rückzug. Die Flucht verläuft ungeordnet, unkoordiniert, teilweise ziellos und/oder planlos und manchmal panisch. Als Rückzug oder taktischen Rückzug (richtig: Ausweichen) wird eine Alternative zur Verhandlung gesehen. Das Harvard Konzept nennt einen solchen Rückzug auch „BATNA" also die *„best alternative to a negotiated agreement"*. Zu Deutsch: Was ist Ihre beste Alternative zu einer Verhandlung und Einigung.

Dabei schlägt das Harvard Konzept sogar vor, dass man sich bereits vor jeder Verhandlung über eine Alternative zur Verhandlung Gedanken machen sollte. Insbesondere dann, wenn man spürt, dass der Verhandlungsführer auf der anderen Seite mächtiger ist oder die eigene Situation äußerst schlecht ist. Dabei ist das Ermitteln der besten Alternative ein wichtiger Aspekt in der Vorbereitung der Verhandlung und ein bedeutender Faktor für erfolgreiche Verhandlungen. Denn mit einer BATNA im Rücken sind sie ein starker Verhandlungspartner – weil sie nicht verhandeln müssen und immer in der Lage sind, einen geordneten Rückzug durchzuführen.

Bei der Ermittlung der BATNA ist das Ziel, seine realistischen Alternativen zu kennen. Durch die Ermittlung der Alternativen als Vorbereitung zu einer Verhandlung wird der allgemeine Kenntnisstand der Thematik verbessert. Das Vorhandensein einer Alternative und insbesondere einer starken, realistischen Alternative stärkt die eigene Verhandlungsposition erheblich.

In der Praxis kann es sein, dass Ihnen ausgerechnet in der Verhandlung ein wichtiger Know-how Träger fehlt, um z. B. ein alternatives Angebot Ihres Verhandlungspartners bewerten zu können. Verhandeln Sie weiter, ist es nicht unwahrscheinlich, dass die Verhandlung zum Roulette-Spiel wird. Natürlich wird der andere Verhandlungsführer Sie auf das Glatteis führen und Ihnen sagen, dass man die Verhandlung auch ohne diese Information abschließen könnte oder wenn man die Verhandlungen nicht heute abschließt, dass die Verhandlung doch sehr uneffektiv gewesen sei. Aber auch hier gilt: Haltung im Angesicht der Gefahr – der Rückzug ist keine Flucht!

Übrigens, als der dänische Oberbefehlshaber Generalleutnant Christian Julius de Meza im Deutsch-Dänischen Krieg von 1864 das berühmte Festungswerk Danewerk räumen ließ, um der preußischen Umfassung zu entgehen, zollten ihm die preußischen Generäle den höchsten Respekt vor dieser militärischen Glanzleistung. Einen so geordneten Rückzug hinzubekommen, war eine größere militärische Leistung, als der Sieg in einer Schlacht.

3.3.12   Wie gehe ich mit ungerechten Vorwürfen um?

Sie kennen die Situation: Es wird von Ihnen schlecht geredet, vor allem hinter dem Rücken und man versucht, Sie damit in der Verhandlung mürbe zu machen. Häufig weiß man nicht, wie man damit umgehen soll bzw. wie man angemessen reagieren soll. Aggressiv oder passiv, was ist die richtige Wahl?

Die erste Devise ist, sich nicht verunsichern zu lassen (auch bei Überraschungen!)

- Sinn und Zweck von ungerechten Vorwürfen ist ja gerade, Sie zu verunsichern
- Ungerechte Vorwürfe sind immer *nur* für einen Blitzkrieg ausgelegt
- Wer den ersten Augenblick übersteht, hat schon 50 % geschafft

Auch hier gilt wieder: Haltung im Angesicht der Gefahr – Nicht weglaufen!

- Erster Instinkt ist weglaufen: Falsch! -> Denken Sie an Hemingways Protagonisten
- Haltung im Angesicht der Gefahr (Ernest Hemingway)

Aber bitte nur professionell handeln und nicht emotional

- Ruhig und gelassen bleiben
- Nicht unterbrechen, keine Breitseite für Argumente bieten, maximal:
  - Das muss ich überprüfen oder
  - Das ist emotional und hat nichts mit der Sache zu tun
- Auslaufen lassen wie eine Welle, die an einem Deich langsam ausläuft, wie in Abb. 3.6 angedeutet

Gegenschlag:

- Nur mit sachlichen Informationen antworten, keine Emotionen!!!
- Auch wenn Sie dem anderen an die Gurgel wollen, Raum bieten für seinen Rückzug (ansonsten kämpft er noch verbissener)

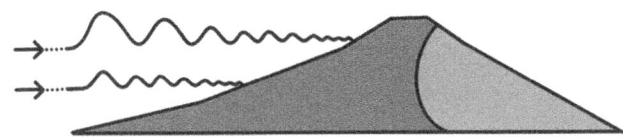

Abb. 3.6 Deich-Taktik. (Quellenangabe: Mono Becker)

3.4   Wie gehe ich mit Fragen um, die ich nicht beantworten will?

Diese Frage kann man am besten mit folgendem Beispiel aus der Politik beantworten. Wir sind immer wieder erstaunt, wie oft Politiker mit diesen Tricks antworten, ohne dass der Journalist oder der Zuhörer bemerkt, dass der Politiker eigentlich auf die Frage nicht antworten will:

Ein Politiker wird direkt nach der Wahl von einer Journalistin gefragt, mit welcher anderen Partei er eine Koalition eingehen möchte. Der Politiker hat sich noch nicht mit seiner Partei abgestimmt und möchte daher nicht auf die Frage antworten:

- „Bitte haben Sie Verständnis dafür, dass es zu früh ist darüber zu reden …" (**Verständnis-Variante**)
- „Eine interessante Frage, aber lassen Sie mich zunächst einmal den Wählern und Wählerinnen draußen im Lande für ihre Zustimmung bedanken, ich weiß …" (**Ausweich-Variante**)
- „Der Prozess zur Findung einer Koalition ist ein parlamentarischer Prozess bei dem allen Beteiligten klar sein muss, dass der Wählerauftrag immer im Fokus der Verhandlungen stehen muss …" (**Prozesserläuterungs-Variante**)

3.5   Die Bedeutung von Form

Im deutschen Kulturkreis ist man immer noch überzeugt, dass Inhalt mehr zählt als die Form. Und die Form doch eher eine nebensächliche Bedeutung hat – im Gegensatz zum Inhalt. Daher fragen Sie sich bitte selbst, wer mehr Chancen auf die positive Beantwortung eines Heiratsantrages hat (in beiden Fällen, sagt der Mann lediglich „Willst Du mich heiraten?").

Beispiel 1: Nebenbei auf der Straße (Abb. 3.7)

Beispiel 2: Am Strand in der Südsee (Abb. 3.8)

Wir denken, die Antwort ist eindeutig. So simpel dieses Beispiel ist, aber genauso geht es auch in der Praxis. Der Form einer Verhandlung

Abb. 3.7 Hochzeitsantrag „nebenbei". (Quellenangabe: Odua Images – stock. adobe.com)

Abb. 3.8 Hochzeitsantrag am Strand. (Quellenangabe: Syda Productions – stock.adobe.com)

muss viel mehr Aufmerksamkeit gewidmet werden, als man allgemein vermutet.

Häufig glauben die Parteien (vor allem deutsche Verhandlungsführer), dass am Ende nur der Inhalt zählt (Preis, Inhalt von juristischen Klauseln, technische Beschreibung).

Die Form, also wie die Parteien in der Verhandlung miteinander umgegangen sind, wie das Verhältnis zwischen ihnen ist, ist nicht nur wichtig bezogen auf die Frage, ob der Vertrag nach der Verhandlung überhaupt unterschrieben wird, sondern hat auch folgenden Einfluss:

- Eine negative Stimmung aus der Verhandlung kann auch ins Projekt getragen werden.
- Gegenseitiges Misstrauen belastet die Geschäftsbeziehung.

3.5.1 Schlauer sein

Wenn Sie dieses Buch gelesen haben und hoffentlich auch verinnerlicht haben, werden Sie sicher „schlauer sein" als viele andere, die eher untrainiert in eine Verhandlung gehen. Dadurch ist man vielen anderen Verhandlungspartnern überlegen. Zuweilen kommt dabei das Gefühl auf, dass man sich für klüger (schlauer) und damit für überlegen hält. Achtung: GROSSE GEFAHR!!!

weil:

- Die andere Partei hält einen für arrogant und schließt aus Prinzip keinen Vertrag mit mir (den „Homo oeconomicus" gibt es nicht!)
- Ich vergesse das Ziel meiner Verhandlung, weil ich mich darin bade, wie schlau ich bin und wie dumm der andere.
- Der Beweis, dass ich die Verhandlungstechnik beherrsche, ist mir auf einmal wichtiger als das ursprüngliche Ziel.

Nicht der Intelligenteste ist auch immer der beste Verhandlungsführer! Nutzen Sie lieber Ihre Fähigkeiten in den Verhandlungstechniken, um Ihr Ziel zu erreichen. Es geht nicht darum jedem zu zeigen, wie gut man ist!

3.6   Professioneller werden

Ist ja alles schön und gut, aber Sie werden sich jetzt fragen, wie kann ich das alles jetzt umsetzen? Eine berechtigte Frage, bei der wir Ihnen gerne helfen möchten! Zunächst einmal sollten Sie die Struktur und das, was in einer Verhandlung passiert, erkennen und verstehen. Wir sehen den Weg zum professionellen Verhandlungsführer in 5 Phasen:
Phase 1:

- Erinnern Sie sich an die drei Akte, schenken Sie sich eine Verhandlung, die sie nur nach den drei Akten vollziehen.
- I. d. R. werden Sie dann spüren, dass drei Akten Ihnen helfen und dass Sie Verhandlungen besser meistern werden.
- Natürlich sind Sie jetzt schlauer als andere im Verhandlungsraum, aber passen Sie auf, dass Sie das nicht arrogant macht und anfällig für Fehler macht.

Phase 2:

- Sie sind besser geworden und neben den drei Akten werden Sie nach und nach auch das anwenden, was Sie über Strategie/Taktik/Professionelles Handeln gelernt haben. Eher langsam als schnell, aber das ist völlig ok!
- Es macht Sie besser und Sie werden mutiger.
- In dieser Phase sollten Sie sich mit intensiver Disziplin immer wieder an drei Akte erinnern und an das, was Sie alles gelernt haben.

Phase 3:

- In der Phase 3 werden Sie zwangsläufig einmal abstürzen!
- Es gibt einen Verhandlungsführer auf der anderen Seite, der Sie so nervt, Sie auf der persönlichen Ebene erwischt, dass Sie alles Gelernte vergessen werden.
- Shit happens – würde ich sagen, das passiert jedem Mal!

Phase 4:

- Ok Sie haben Sich von Ihrem Rückschlag erholt!
- Idioten gibt es überall und kein Verhandlungsführer ist perfekt
- Nun gehen Sie wieder an das Gelernte, nur weil es einmal nicht funktioniert hat, ist die Methode nicht falsch!
- Zwingen Sie sich selbst wieder mit intensiver an drei Akte zu denken und das, was Sie alles gelernt haben.
- Dann werden Sie wieder zu alter Stärke kommen

Phase 5:

- Sie sind insgesamt besser geworden und verstehen Verhandlungen, als was sie sind, ein Theaterstück, manchmal besser manchmal schlechter
- Viele Dinge haben Sie umgesetzt, aber auch einiges vergessen, aber das ist normal
- Wenn Sie wieder nachlassen, erinnern Sie sich von Zeit zu Zeit an dieses Buch.
- Sie werden auch eine strategische Idee und Methode finden diesen einen nervigen Verhandlungsführer zu besiegen!

Die Lernkurve über diese 5 Phasen verläuft allerdings nicht geradlinig, sondern eher wie in Abb. 3.9 abgebildet. In Phase 1 und Phase 2 steigt

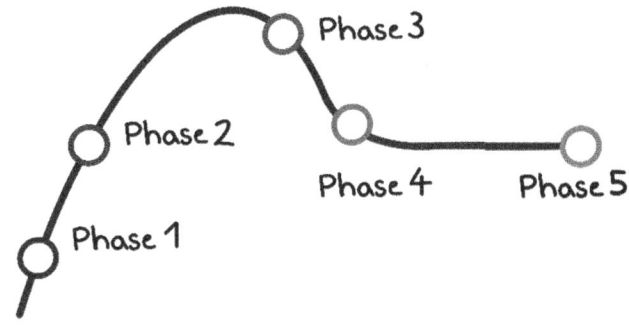

Abb. 3.9 Lernkurve in Phasen. (Quellenangabe: Mono Becker)

Ihre Motivation und das positive Feedback deutlich an. In Phase 3 wird die Motivation und auch das positive Feedback leicht abnehmen, bis Sie sich in Phase 4 erholt haben und insgesamt ab Phase 5 auf einem höheren Level befinden, als Sie gestartet sind.

4

Körpersprache

Körpersprache spielt eine bedeutende Rolle bei Verhandlungen und bei zwischenmenschlichen Interaktionen im Allgemeinen. Sie kann oft genauso wichtig sein wie die verbalen Äußerungen, da sie viele Informationen über die Emotionen, Absichten und Haltungen einer Person vermittelt. Man sagt der Körper kann faktisch nicht lügen[15] – Aber leider interpretieren wir die Körpersprache unseres gegenüber oft falsch. So bedeuten verschränkte Arme nicht unbedingt „immer" eine Abwehrhaltung, sondern manche Menschen halten das für bequem. Die Körpersprache hat sehr viel mehr Indikatoren als nur Arme und Beine.

Hier sind einige Gründe, warum Körpersprache in Verhandlungen von Bedeutung ist:

Nonverbale Kommunikation Körpersprache ist eine Form der nonverbalen Kommunikation, die Informationen über Gefühle, Einstellungen und Absichten vermitteln kann, die verbal nicht ausgedrückt werden.

Vertrauensbildung Durch positive Körpersprache wie Augenkontakt, offene Gesten und ein freundliches Lächeln kann Vertrauen aufgebaut

T. Söbbing und D. Engel, *Professionelles Verhandeln*, https://doi.org/10.1007/978-3-658-44274-3_4

werden, was in Verhandlungen von entscheidender Bedeutung ist. Misstrauen oder Unbehagen kann sich durch negative Körpersprache manifestieren, wie zum Beispiel verschränkte Arme oder mangelnder Augenkontakt.

Emotionale Zustände Körpersprache kann zeigen, wie eine Person sich fühlt, selbst wenn sie versucht, ihre Emotionen zu verbergen. Mikroausdrücke im Gesicht oder zitternde Hände können Anzeichen für Unsicherheit, Nervosität oder sogar Lügen sein.

Dominanz und Unterwerfung Körperhaltung und -bewegungen können die Hierarchie und Machtverhältnisse in einer Verhandlung verdeutlichen. Jemand, der selbstbewusst auftritt, kann Dominanz ausstrahlen, während jemand, der sich klein macht, eher unterwürfig wirken kann.

Interesse und Desinteresse Körpersprache kann auch zeigen, wie interessiert oder engagiert eine Person in der Verhandlung ist. Ein aufmerksamer Blick, offene Körperhaltung und aktives Zuhören können Interesse signalisieren, während Unaufmerksamkeit, Blickabwendung oder abgelenkte Gesten Desinteresse anzeigen können.

Verhandlungspositionen Die Art und Weise, wie sich Personen bewegen oder positionieren, kann ihre Verhandlungsabsichten verdeutlichen. Zum Beispiel kann jemand, der sich zurücklehnt und die Arme hinter dem Kopf verschränkt, Selbstsicherheit oder Ablehnung ausdrücken, während jemand, der nach vorne lehnt, möglicherweise neugierig oder bereit zur Einigung ist.

Betonung von Aussagen Körpersprache kann verbalen Aussagen Nachdruck verleihen. Gesten, Mimik und Betonung können dazu beitragen, die Bedeutung von gesprochenen Worten zu verstärken oder zu verdeutlichen.

Deeskalation In Konfliktsituationen kann eine beruhigende Körpersprache dazu beitragen, die Spannungen zu reduzieren und eine Atmosphäre der Kooperation zu fördern.

Es ist wichtig zu beachten, dass Körpersprache kulturell und individuell variieren kann. Was in einer Kultur als positive Körpersprache angesehen wird, kann in einer anderen Kultur anders interpretiert werden. Daher ist es ratsam, sich auf die Grundprinzipien der Körpersprache zu konzentrieren und gleichzeitig sensibel auf die kulturellen Nuancen der Personen in der Verhandlung einzugehen.

Zunächst einmal muss man verstehen, dass die Körpersprache nicht exakt ist und lediglich als eine Hilfe dienen kann, die man mit anderen Faktoren wie Stimme oder auch Aussagen im Einklang bringen muss. Grundsätzlich ist Körpersprache ist eine Form der nonverbalen Kommunikation, die sich in Form von Gestik, Mimik, Körperhaltung, Habitus und anderen bewussten oder unbewussten Äußerungen des menschlichen Körpers ausdrückt. Bei Tieren hat deren Gestik, Mimik, Körperhaltung eine viele größere Bedeutung als bei uns Menschen.

Die Körpersprache hat einen entscheidenden Einfluss auf die Verständlichkeit der eigentlichen, gesprochenen Worte sowie die Wirkung der Person auf den Verhandlungspartner. Die Körpersprache hat auf Entscheidungen erheblichen Einfluss. Menschen nehmen nonverbale Signale oft auf einer unbewussten Ebene wahr und verarbeiten sie, um Eindrücke und Meinungen zu formen. Hier sind einige Möglichkeiten, wie Körpersprache Entscheidungen beeinflussen kann:

Glaubwürdigkeit Eine offene, ehrliche Körpersprache kann die Glaubwürdigkeit einer Person stärken. Wenn die Körpersprache im Einklang mit den verbalen Äußerungen steht, fühlen sich die Menschen eher geneigt, der Person zu vertrauen und ihre Vorschläge oder Argumente ernst zu nehmen.

Überzeugungskraft Die Art und Weise, wie jemand seine Argumente präsentiert, kann durch Körpersprache unterstützt werden. Selbstbewusstsein, Gesten zur Hervorhebung wichtiger Punkte und Blickkontakt können dazu beitragen, dass die Argumente überzeugender wirken.

Empathie und Sympathie Mitfühlende Körpersprache, wie z. B. aufmerksames Zuhören und einfühlsame Gesten, kann die Empathie und Sympathie der Menschen gewinnen. Dies kann wiederum ihre Bereitschaft erhöhen, auf die Vorschläge oder Bedenken einer Person einzugehen.

Entscheidungsfindung in Gruppen In Gruppenentscheidungen kann die Körpersprache einer Person dazu beitragen, die Stimmung und Dynamik der Gruppe zu beeinflussen. Positive Körpersprache kann dazu führen, dass andere Mitglieder der Gruppe eher geneigt sind, den Standpunkt dieser Person zu unterstützen.

Eindrucksbildung Der erste Eindruck, den eine Person durch ihre Körpersprache vermittelt, kann einen nachhaltigen Einfluss auf die Wahrnehmung haben. Ein positiver erster Eindruck kann dazu führen, dass Menschen von Anfang an positiv auf die Ideen oder Vorschläge einer Person reagieren.

Verhandlungen In Verhandlungen kann die Körpersprache dazu beitragen, die Position einer Person zu stärken oder Schwächen zu verbergen. Selbstsichere Körpersprache kann Verhandlungen in eine Richtung lenken, die für die Person günstig ist.

Stress und Druck Unter Stress oder Druck kann die Körpersprache unbewusst Emotionen und Unsicherheit verraten. Dies könnte Einfluss auf die Wahrnehmung und die Reaktionen der Menschen auf die Person haben.

Es ist wichtig anzumerken, dass Körpersprache nicht immer eindeutig ist und falsch interpretiert werden kann. Die Interpretation von Körpersprache hängt von vielen Faktoren ab, darunter Kultur, Persönlichkeit und individuelle Erfahrungen. Dennoch kann bewusstes Verständnis und kontrollierte Nutzung von Körpersprache definitiv dazu beitragen, Entscheidungen zu beeinflussen und zwischenmenschliche Interaktionen effektiver zu gestalten. Die häufigsten Ausdrucksformen der Körpersprache stellen eher unbewusste Gesten dar, mit denen der Körper auf die Gesprächssituation, die Gefühlswelt oder den Auftritt des Gegenübers reagiert. Diese lassen sich nur sehr kurzzeitig unterdrücken oder manipulieren, aber im Laufe einer stundenlangen Verhaltung wird i. d. R. jeder Mensch in seine natürliche Haltung verfallen. Eine Reaktion auf extreme Information wird sich am allerwenigsten unterdrücken lassen und gibt daher ein sehr ehrliches Bild wieder. Für einen geschickten Verhandlungsführer kann dies auch der Lackmustest sein, um zu schauen, wie die andere Person reagiert. In der Praxis könnte man z. B. eine sehr niedrige Haftungshöhe ansprechen und sehen, wie die Reaktion des Körpers der anderen Vertragspartei ist. Es bedarf schon eines großen Trainings, sich dabei nicht auf die Worte, sondern die Körperhaltung zu konzentrieren. Aber die Körperhaltung kann in diesem Augenblick viel mehr verraten als die Worte. Vertrauen Sie in diesem Augenblick nicht allein auf eine Geste, sondern auf den ganzen Körpers Ihres Gegenübers. Dabei entwickelt man i. d. R. ein sehr gutes Gefühl dafür, was Ihnen die Körpersprache Ihres Gegenüber sagen will. Wichtig ist dabei, nicht auf die Beine oder Arme alleine zu achten, sondern den Körper in seinem gesamten Kontext wahrzunehmen. Sofern es möglich ist, sollte man vor allem auf die Beine achten, weil diese am wenigsten Lügen!

Vor allem Gefühlszustände wie Angst, Langeweile, Spannung oder Selbstbewusstsein können sich in unbewusster Körpersprache widerspiegeln. Diese gilt es als Hilfsmittel in der Verhandlung zu nutzen. Das kann man weniger in einem Buch erklären, sondern muss man erleben, lernen und testen. Nehmen Sie sich die Zeit und beobachten Sie in der Verhandlung Ihre Gegenüber: Was sagt Ihnen der Körper, welches Gefühl erhalten Sie dabei?

Zu den bewussten Signalen des Körpers zählen angelernte beziehungsweise antrainierte Fähigkeiten, wie Anlächeln, ein gezielter Blick, ein ausdrucksloses „Pokerface", ein selbstbewusster Händedruck zur Begrüßung, eine aufrechte Körperhaltung während der Verhandlungen oder Reaktionen wie Kopfschütteln und Nicken. Jeder Mensch kann aus der Eigenbetrachtung seiner Körpersprache oder der Beobachtung der Gestik anderer Menschen Schlüsse ziehen und seine bewusste Körpersprache dadurch beeinflussen. Trainieren Sie das in den Verhandlungen!

5

Preisverhandlungen

In vielen Verhandlungen dreht sich augenscheinlich alles um den Preis: Die Käuferin möchte so wenig wie möglich zahlen, der Verkäufer möchte einen möglichst großen Gewinn machen. Anhand eines konkreten Beispiels geht es in diesem Kapitel darum zu erkennen, welche Mechanismen bei Preisverhandlungen greifen.

5.1 Die Ausgangssituation

Stellen Sie sich folgende Situation vor, siehe auch Abb. 5.1.

Herr und Frau Schmidt, beide bereits im fortgeschrittenen Alter, haben vor vielen Jahren ein Grundstück gekauft und darauf ein Haus gebaut. Dort haben sie ihre Kinder großgezogen, die mittlerweile erwachsen sind und mit ihren eigenen Familien in anderen Städten wohnen. Zum Grundstück von Herrn und Frau Schmidt gehört auch ein kleiner Streifen Land, der ursprünglich mal als Erschließungsweg zwischen den Grundstücken vorgesehen war, aber letztendlich doch den angrenzenden Grundstückseigentümern zum Kauf angeboten wurde. Die Schmidts haben vor 15 Jahren die Gunst der Stunde erkannt und

Abb. 5.1 Darstellung der Grundstücke der Familien Müller und Schmidt. (Quellenangabe: Mono Becker)

den extra Streifen Land zu einem Preis in Höhe von 20.000 EUR gekauft. Der Streifen Land ist groß genug, um z. B. einen Tennisplatz darauf anzulegen oder auch ein kleines Gartenhäuschen mit Pool. Die Schmidts hatten sich jedoch entschlossen, auf dem neu erworbenen Zusatzgrundstück, Obst und Gemüse anzubauen.

Direkt angrenzend an das Zusatzgrundstück wohnt die Familie Müller. Familie Müller ist ein Paar mit zwei kleinen Kindern, die erst vor ein paar Jahren das Nachbargrundstück der Schmidts kauften. Zwischen den Schmidts und den Müllers besteht ein freundschaftliches Nachbarschaftsverhältnis.

Die Schmidts sind zwar noch sehr rüstig, wollen sich aber räumlich verkleinern und die Gartenarbeit wird langsam auch zu anstrengend. Daher haben sie sich entschlossen, ihr Haus zu verkaufen und in die Nähe ihrer Kinder zu ziehen. Glücklicherweise haben sie auch schon einen Käufer für ihr Haus gefunden. Allerdings hat der Käufer nur sehr wenig Interesse, auch das Zusatzgrundstück zu erwerben.

Bei einem zufälligen Gespräch zwischen den Nachbarn stellt sich heraus, dass die Müllers Interesse an dem Erwerb des Zusatzgrundstück der Schmidts haben, denn damit könnten die Müllers ihr eigenes Grundstück vergrößern und z. B. ihren Kindern neben der Schaukel auch eine Rutsche installieren und auch selbst Gemüse anbauen. Im Grunde müsste nur der bestehende Zaun versetzt werden (siehe Abb. 5.1).

In den nun anstehenden Verhandlungen geht es darum, dass Zusatzgrundstück möglichst günstig zu kaufen (aus Sicht der Müllers) bzw. möglichst gewinnbringend zu verkaufen (aus Sicht der Schmidts). Es geht dabei um einen Einmalpreise, also X Euro für das Zusatzgrundstück. Natürlich könnte man auch über Finanzierungsmodelle nachdenken, wie z. B. Ratenzahlung, aus Vereinfachungsgründen bleibt es hier aber bei einem Einmalpreis. Wichtig zu wissen ist, dass es für das Zusatzgrundstück keinen neutralen Richtpreis gibt.

> Schlüpfen Sie wahlweise in die Rolle von Familie Müller oder von Familie Schmidt. Wie würden Sie sich auf die Verhandlungen vorbereiten? Was wären Ihre Argumente?

Wie so oft in Verhandlungen ist der Wissensstand beider Verhandlungsparteien nicht gleich. Oft weiß die eine Partei mehr als die andere. In diesem Fall wissen die Schmidts z. B. nicht, dass die Müllers kürzlich 40.000 EUR von der Lieblingstante geerbt haben. Die Müllers dagegen wissen nicht, dass die Käufer des Grundstücks der Schmidts bereit wären, für das Zusatzgrundstück 15.000 EUR zu bezahlen. Die Schmidts haben also noch einen Plan B in der Hinterhand, falls es mit den Müllers nicht klappt.

5.2   Verhandlungsziel

Ein wichtiger Schritt VOR der eigentlichen Verhandlung ist deren Vorbereitung und dabei insbesondere das Festlegen des eigenen Verhandlungsziels. Welches Verhandlungsergebnis wäre aus Ihrer Sicht optimal? Mit welchem Verhandlungsergebnis wären Sie zufrieden und mit welchem Verhandlungsergebnis wären Sie gerade noch zufrieden?

Wenn Sie beispielsweise die Verhandlungen für die Familie Müller führen, welches Verhandlungsergebnis wäre für Sie optimal? Als Familie Müller haben Sie ein Interesse an einem möglichst geringen Kaufpreis. Wäre ein Kaufpreis in Höhe von 10.000 EUR nicht optimal? Sie wissen ja, dass die Schmidts das Zusatzgrundstück vor 15 Jahren für 15.000 EUR gekauft haben. Würden die Schmidts unter Preis verkaufen? Wären Sie auf der anderen Seite gerade noch so zufrieden, wenn Sie das gesamte Erbe der Lieblingstante auf den Kopf hauen und für 40.000 EUR das Zusatzgrundstück erwerben?

Der Erfolg einer Verhandlung wird häufig daran gemessen, ob das selbst gesteckte Verhandlungsziel erreicht wurde oder nicht. Aber wann ist eine Verhandlung eigentlich erfolgreich? Nur dann, wenn Sie das für Sie optimale Verhandlungsergebnis erreicht haben? Oder sind Verhandlungen auch erfolgreich, wenn das Verhandlungsergebnis für Sie gerade noch zufriedenstellend ist? Und wer sagt, dass Ihr optimales Verhandlungsergebnis auch als optimales Verhandlungsergebnis der Gegenseite gewertet wird? Vermutlich hat die andere Seite eine ganz andere Sicht auf das mögliche Verhandlungsergebnis.

Machen Sie sich daher auch Gedanken, wie das Verhandlungsergebnis für beide Parteien am Ende aussehen soll. Wettbewerb ist Teil der menschlichen Natur und so ist es nur verständlich, dass Sie das bessere Ergebnis für Ihre Partei herausholen wollen. Seien Sie sich aber bewusst, dass Vertrauen leicht zerstört werden kann. Niemand verliert gerne und wenn man schon verliert, dann soll die andere Seite mindestens im gleichen Maße verlieren bzw. nicht deutlich besser dastehen. Menschen tendieren auch dazu, sich eher an die Verhandlung und das Verhalten der beteiligten Personen zu erinnern als an den eigentlichen Ausgang einer Verhandlung. So wird z. B. häufig eine WIN-WIN-Situation für beide als wünschenswertes Verhandlungsziel dargestellt, aber das Verhandlungsergebnis ist am Ende WIN-LOSE. Was macht das mit der verlierenden Partei? Verfolgen Sie daher eine klare Philosophie in Bezug auf das Verhandlungsziel: Wünschen Sie tatsächlich ein WIN-WIN Verhandlungsergebnis? Oder ist Ihr Ansatz eher WIN Big und für die andere Partei nur WIN Small oder gar WIN für Sie und „ist mir doch egal" in Bezug auf die andere Partei?

Es ist daher wichtig, dass Sie sich im Vorfeld Gedanken machen über das Wertesystem Ihres Verhandlungspartners und Ihr Verhandlungsziel auch auf dieses Wertesystem abstimmen. Im Kapitel „die 3-Akte-Theorie" haben Sie gelernt, dass der 1. Akt nicht nur dazu dient, eine Vertrauensbasis zu schaffen, sondern auch wichtig ist, um das Wertesystem der anderen Partei einzuschätzen. In unserem konkreten Beispiel wäre es z. B. wichtig für Familie Schmidt zu wissen, welche Pläne Familie Müller in Bezug auf das Zusatzgrundstück hat und welche finanziellen Mittel dafür zur Verfügung stehen. Stehen noch andere Geldausgaben an, wie z. B. Ausbau des Hauses für ein weiteres Kinderzimmer? Leben die Müllers eher auf großem Fuß oder müssen Sie sparsam mit dem zur Verfügung stehenden Geld umgehen? Das Wertesystem der anderen Partei zu kennen, heißt nicht, dass Sie sich diesem Wertesystem anschließen müssen, aber diese Kenntnis ist unabdingbar, wenn Sie ein für beide Verhandlungspartner zufriedenstellendes Ergebnis erreichen wollen.

Schließlich sollten Sie sich auch Fragen, ob die Verhandlungen das Ziel einer langfristigen Partnerschaft sind oder ob es eher eine Einmalaktion ist im Sinne „aus den Augen, aus dem Sinn". Ist beiden Vertragspartnern an einer langfristigen Bindung gelegen, dann können Vereinbarungen, die zu Lasten einer Partei gehen, eher zu Problemen auf lange Sicht führen. Auf der anderen Seite könnte man auch argumentieren, dass man den Verkäufer der neuen Küche vermutlich nicht so schnell wieder sehen wird und ich daher vielleicht auch mehr Druck aufbauen kann?

Das Festlegen des Verhandlungsziels sollte vor allem auch innerhalb der eigenen Reihen abgestimmt werden, denn nichts ist ärgerlicher, als wenn ein Mitstreiter ein abweichendes Verhandlungsziel verfolgt. Da hilft dann auch ein beherzter Tritt gegen das Schienbein nicht mehr, wenn bereits der „falsche" Preis genannt wurde. Daher empfehlen wir dringend vor jeder Verhandlung ein „Einsingen": Stimmen Sie sich intern über die folgenden Punkte ab:

- Verhandlungsergebnis

  - Optimal
  - Zufrieden
  - Gerade noch so zufrieden

- Abstimmung der zuvor genannten Verhandlungsergebnisse auf das Wertesystem der anderen Partei(en)

5.3   Verhandlung

Sie und Ihr Verhandlungsteam haben sich gut vorbereitet und die Verhandlungen beginnen. Sie wissen, wie Sie den 1. Akt bestreiten müssen und wissen auch, wie Sie den 2. Akt überstehen (siehe Kap. 3-Akte-Theorie).

Wenn es um Preisverhandlungen geht, werden irgendwann auch Preiswünsche oder Preisvorstellungen genannt. Um eines gleich vorwegzusagen: Es gibt keine klare Formel, was der richtige Einstiegswert bei Preisverhandlungen ist. Eines ist aber sicher: Haben Sie sich nicht gut auf die Verhandlungen vorbereitet, kann die Nennung eines zu hohen oder zu niedrigen Preises auch schnell das Ende der Verhandlungen bedeuten.

Wenn verschiedene Teams die Verhandlung zwischen den Müllers und Schmidts nun simulieren, werden die Ergebnisse in der Regel unterschiedlich ausfallen. In Abb. 5.2 sind mögliche Verhandlungsergebnisse dargestellt.

Der jeweils vereinbarte Kaufpreis für das Zusatzgrundstück ist mit einem roten „X" in Abb. 5.2 gekennzeichnet. Während sich die Schmidts in Verhandlungsgruppe 1 über einen Verkaufspreis in Höhe

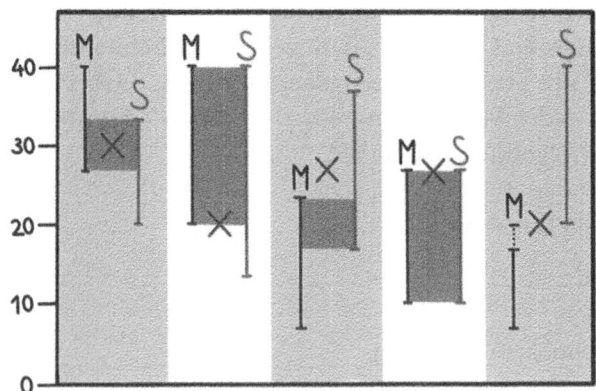

Abb. 5.2 Beispiel Verhandlungsergebnisse Preisverhandlungen (S = Schmidt, M = Müller, X = Verhandlungsergebnis). (Quellenangabe: Mono Becker)

von 30.000 EUR freuen können, sind die Müllers aus Verhandlungsgruppe 4 sehr zufrieden mit einem Kaufpreis in Höhe von „nur" 20.000 EUR. Sind die Müllers aus Verhandlungsgruppe 4 die besseren Verhandler? Oder waren die Schmidts aus Verhandlungsgruppe 1 überdurchschnittlich gute Verhandler?

In unserem Beispielfall ist der Vergleich mit anderen Verhandlungen sehr einfach, denn es ging nur um den Kaufpreis. Aber auch in komplexeren Verhandlungssituationen erlebt man häufig – nach einer ersten kurzen Phase von Euphorie – eine Form der Unzufriedenheit: Das eigene Verhandlungsergebnis ist im Vergleich mit anderen doch nicht so großartig, wie zunächst gedacht. Und das, obwohl das erzielte Verhandlungsergebnis irgendwo zwischen „optimal" und „gerade noch zufrieden" liegt. Wieso ändert sich die Zufriedenheit? Habe ich schlecht verhandelt?

Die richtige Antwort auf diese Frage lautet: nein.

Der Erfolg von Verhandlungen hängt nicht allein vom erzielten Verhandlungsergebnis ab. Zunächst einmal ist jedes Verhandlungsergebnis, das sich im Rahmen der von Ihnen gesteckten Verhandlungsziele (siehe vorheriges Unterkapitel) bewegt, ein gutes Verhandlungsergebnis. Wie oben schon gesagt, haben beide Parteien Wünsche in Bezug auf das mögliche Verhandlungsergebnis. Von optimal über zufrieden bis zu gerade noch zufrieden. Diese Verhandlungsspannen sind in Abb. 5.2 jeweils in vertikalen Strecken für die Parteien M und S eingezeichnet]. Dabei fällt auf, dass einige Verhandlungsspannen eher kurz sind, während andere viel länger sind. Grundsätzlich kann man sagen, dass die Wahrscheinlichkeit, zu einem zufriedenstellenden Verhandlungsergebnis zu kommen, größer ist, wenn auch die eigene Verhandlungsspanne zwischen „optimal" und „gerade noch zufrieden" größer ist.

Der Rahmen, in dem für beide Vertragsparteien ein vernünftiges Verhandlungsergebnis möglich ist, ist die Zone, in der sich die beiden Balken der Parteien M und S überlappen. In der Abb. 5.2 ist diese Überlappung jeweils pro Verhandlungsgruppe dunkel hinterlegt. Man spricht auch von *Zone of Potenzial Agreement* – in kurz ZOPA. Je kleiner die ZOPA, umso schwieriger ist es, das Verhandlungsergebnis innerhalb dieser Überlappung zu vereinbaren. Warum ist die ZOPA noch wichtig? Insbesondere erste Preisvorstellungen, die weit außerhalb der ZOPA liegen, werden von der anderen Vertragspartei in der Regel als unseriös wahrgenommen und Vertragsverhandlungen drohen zu scheitern.

Das Gegenstück zur ZOPA ist folglich die No Potenzial Agreement Zone, kurz NOPA. Wie in Abb. 5.2 zu sehen, hat die mittlere Verhandlungsgruppe ihre Einigung außerhalb der ZOPA erzielt, das rote Kreuz liegt außerhalb des dunkel unterlegten Bereichs. Wie konnte das passieren und was hat das mit Ebay zu tun?

Es kann während der Verhandlungen passieren, dass eine Verhandlungspartei, den von ihr gesteckten Verhandlungsrahmen, also die jeweilige Linie verlässt. Geschieht das zu Gunsten dieser Verhandlungspartei, verbessert sich das Verhandlungsergebnis automatisch von „optimal" zu „noch optimaler", ist also nicht so dramatisch. Passiert es dagegen zu Lasten dieser Vertragspartei, verändert sich das Verhandlungsergebnis für diese Partei von „gerade noch zufrieden" zu „eigentlich gar nicht zufrieden". Man spricht in diesen Fällen auch vom so genannten Ebay Syndrom.

Das Kennen und schließlich auch Festhalten an den eigenen Verhandlungszielen ist insbesondere auch deshalb wichtig, um nicht dem so genannten Ebay-Syndrom zum Opfer zu fallen. Auf einigen Handelsplattformen im Internet, u. a. auch bei Ebay, können Kaufgegenstände auch ersteigert werden. D. h. es gibt keinen vorab festgelegten Kaufpreis, sondern das höchste Gebot entscheidet. Um es für die Nutzer dieser Plattformen möglichst einfach zu machen, kann zu Beginn der Gebotsphase das maximale eigene Gebot vorab eingestellt werden. Das erfordert natürlich einige Kenntnis über den möglichen Verkaufspreis, das Verhalten der anderen Bieter etc. Gerade wenn man nur geringfügig überboten wird, könnte man dazu neigen, noch schnell ein wenig nachzulegen und damit sein vorher festgelegtes maximales Gebot zu überbieten. Überschreitet man einmal diese imaginäre Grenze, ist die Wahrscheinlichkeit relativ groß, dass noch weiter geboten wird und schließlich ein deutlich höherer Kaufpreis gezahlt wird als im ursprünglich festgelegten maximalen Gebot. Man spricht daher in diesen Fällen vom so genannten Ebay-Syndrom, was in Abb. 5.2 entsprechend grafisch dargestellt wurde.

Versetzen Sie sich noch einmal in die beiden Verhandlungspartner. Bei einer Preisverhandlung neigen Verhandlungspartner dazu, den Preis in den Mittelpunkt der Verhandlungen zu stellen. Auch die Bewertung des Verhandlungserfolgs oder -misserfolgs lässt sich einfacher an Zahlen, Daten und Fakten, wie dem Kaufpreis, festmachen, als an anderen Faktoren. Gute Verhandlungsführer sorgen dafür, dass der Preis nicht im Mittelpunkt steht, sondern weitere Verhandlungspunkte in die Verhandlungen mit einbezogen werden. Im Fall der Müllers und Schmidts könnte z. B. eine Mithilfe beim anstehenden Umzug, die Übernahme von Gartengerätschaften, die Einweisung in die vorhandenen Gemüsepflanzen oder auch andere Erledigungen einen Einfluss auf den Kaufpreis haben. Suchen Sie daher immer auch nach weiteren Möglichkeiten, die Sie Ihrem Verhandlungspartner anbieten könnten, ohne, dass Sie den Preis verändern müssten.

6

Rechtliche Grundlagen

Dieses Werk erhebt nicht den Anspruch eine rechtliche Grundlage für Vertragsverhandlungen zu liefern, aber einige juristische Grundlagen enthält es schon. Die rechtlichen Grundlagen für Vertragsverhandlungen ergeben sich natürlich aus dem jeweiligen Vertrag und dessen einschlägigen Klauseln. Aber natürlich auch aus dem Gesetz und der entsprechenden Rechtsprechung dazu. Die in diesem Kapitel aufgeführten rechtlichen Grundlagen sollen Ihnen helfen, sich insbesondere für den 2. Akt ausreichend mit Argumenten „zu bewaffnen".

6.1 Verträge

In der Praxis wird dabei gerne auf gesetzlich geregelte Vertragsformen, die Auslegung von Verträgen, bestimmte am Markt etablierte Fachbegriffe und die Form der Aussage zurückgegriffen, wie in der Übersicht in Abb. 6.1 dargestellt:

T. Söbbing und D. Engel, *Professionelles Verhandeln*,
https://doi.org/10.1007/978-3-658-44274-3_6

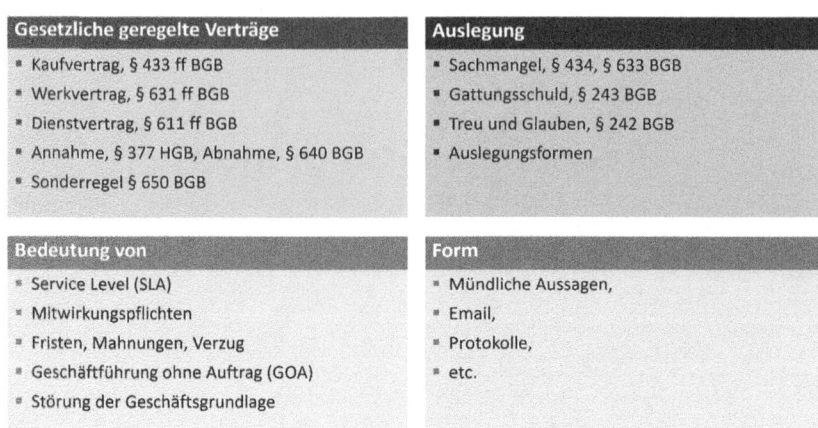

Abb. 6.1 Übersicht rechtliche Schlagwörter. (Quellenangabe: Autoren)

6.1.1 Der Kaufvertrag

Der Kaufvertrag besteht nach deutschem Schuldrecht aus zwei aufeinander bezogenen, inhaltlich korrespondierenden Willenserklärungen (Angebot und Annahme), durch welche sich der Verkäufer zur Übereignung (vgl. § 929 BGB) der Kaufsache durch Einigung über den Eigentumsübergang und Übergabe der Kaufsache (auch „Lieferung" genannt) und der Käufer zur Bezahlung des Kaufpreises („Kaufsumme") und zur Abnahme der Kaufsache verpflichtet (vgl. § 433 BGB). Eine Übersicht der jeweiligen Pflichten der Kaufvertragsparteien finden Sie in Abb. 6.2.

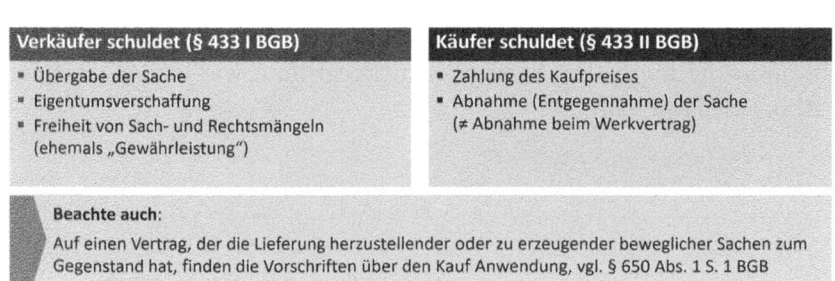

Abb. 6.2 Übersicht Kaufvertrag. (Quellenangabe: Autoren)

Es ist möglich und in der Rechtspraxis häufig, einen Kaufvertrag über einen Gegenstand abzuschließen, den der Verkäufer erst noch beschaffen muss oder der noch hergestellt und damit (umgangssprachlich) noch „bestellt" werden muss. (Beispiel: Der Kauf eines PKW, der erst in einigen Wochen oder Monaten geliefert wird.)

6.1.2   Der Werkvertrag

Beim Werkvertrag verpflichtet sich die eine Vertragspartei, ein Werk gegen Zahlung einer Vergütung (Werklohn) für die andere Vertragspartei – den Besteller – herzustellen. In Deutschland sind Werkverträge in §§ 631 ff. BGB geregelt. Der Werkunternehmer ist dabei derjenige, der das Werk erstellt. Der Unternehmerbegriff im Werkvertragsrecht ist damit anders zu verstehen als im übrigen Recht. Wichtigstes Merkmal des Werkvertrages ist der Eintritt eines bestimmten Erfolges. Der Erfolg wird bei einer Handwerksleistung darüber definiert, dass ein bestimmter Zustand hergestellt wird, wie z. B. „Schimmelbeseitigung", „Dach ist (wieder) dicht" oder „Hof ist gefegt". Zusammengefasst sind die jeweiligen Pflichten der Vertragsparteien im Werkvertrag in Abb. 6.3.

6.1.3   Der Dienstvertrag

Ein Dienstvertrag liegt vor, wenn sich eine Vertragspartei zur Leistung von bestimmten Diensten und der andere Teil zur Zahlung der

Hersteller schuldet (§ 631 I BGB)	Besteller schuldet (§ 631 I BGB)
▪ schuldet Herstellung des versprochenen Werkes (§ 631 BGB) ▪ geschuldet ist ein **Erfolg**, d.h. bestimmtes Arbeitsergebnis ▪ hat die Projektverantwortung ▪ trägt das Erfolgsrisiko für das geschuldete Arbeitsergebnis ▪ schuldet die Freiheit von Sach- und Rechtsmängeln (§ 633 BGB)	▪ schuldet Abnahme des Werkes (§ 640 BGB) ▪ Zahlung der vereinbarten Vergütung (§ 631 I BGB)

Abb. 6.3   Übersicht Werkvertrag. (Quellenangabe: Autoren)

vereinbarten Vergütung verpflichtet hat. Darunter fallen selbständige oder nichtselbständige; abhängige, eigenbestimmte oder fremdbestimmte Dienstleistungen.

Bekanntester Dienstvertrag ist der Arbeitsvertrag. Der Arbeitsvertrag ist ein Unterfall des Dienstvertrags. Im Gegensatz zum Dienstvertrag schuldet der Dienstverpflichtete beim Arbeitsvertrag nicht selbständige Dienste. Der Arbeitsvertrag unterscheidet sich vom „normalen" Dienstvertrag auch dadurch, dass er tiefergehende gegenseitige Rechte und Pflichten (zum Beispiel Entgeltfortzahlung im Krankheitsfall nach § 3 EntgFG, Urlaubsanspruch, Weisungsabhängigkeit, Fürsorge- und Treuepflichten) enthält. Aber nicht nur das Arbeitsverhältnis, sondern grundsätzlich jede Dienstleistung wird in Deutschland vertraglich über den Dienstvertrag nach § 611 BGB behandelt.

Per Dienstvertrag kann z. B. auch die oben genannte Leistung „Hof gefegt" geleistet werden – ohne dass ein konkreter Erfolg geschuldet wird, sondern beispielsweise 3 h fegen beauftragt werden. Die Art und Weise der Vergütung – also z. B. Pauschalpreis oder auf Basis time&material spielt bei der Einordnung, ob es sich um einen Werk- oder Dienstvertrag handelt, nur eine untergeordnete Rolle. In Abb. 6.4 finden Sie eine Übersicht zum Dienstvertrag.

In vielen Verhandlungen streiten die Parteien über die Einordnung einer vertraglichen Leistung als Dienst- oder als Werkvertrag. Vor allem aus Kundensicht wird häufig ein Werkvertrag verlangt, verlagert sich damit doch das Risiko auf den Dienstleister. Andersherum ist es aus Dienstleistersicht möglicherweise vorteilhafter, wenn eine Leistung nicht als Werkleistung angeboten wird. Am Ende des Tages geht es um das Verschieben von Risiken. Nehmen wir wieder das Beispiel

Dienstleister schuldet (§ 611 I BGB)	Auftraggeber schuldet (§ 611 I BGB)
▪ Schuldet lediglich eine Tätigkeit und keinen Erfolg ▪ Dauerschuldverhältnis ▪ Kündigungsmöglichkeiten, §§ 620 ff. BGB	▪ Muss die Dienstleistungen nicht abnehmen ▪ Direktionsrecht ▪ Entgeltrisiko ▪ Nur Schadensersatzansprüche wegen Pflichtverletzung

Abb. 6.4 Übersicht Dienstvertrag. (Quellenangabe: Autoren)

des Fegens zur Hand. Wenn ich mir sicher bin, dass mein Hof in 3 h ordentlich gefegt werden kann, dann beauftrage ich eine Dienstleistung – der Dienstleister schuldet die reine Tätigkeit. Ich trage als Auftraggeber damit aber auch das Risiko, dass der Hof vielleicht nicht fertig gefegt wird, weil der Dienstleister doch mehr als 3 h benötigt oder zahle bestenfalls etwas mehr. Trägt der Dienstleister das Risiko, den Erfolg „gefegter Hof" abzuliefern, wird er vermutlich dieses Risiko mit berücksichtigen und etwas großzügiger kalkulieren. Vielleicht wird er auch berücksichtigen, wie dreckig der Hof ist, wie viel Unrat anfällt etc. In der Regel geht die Berücksichtigung von Risiken und damit die Vereinbarung von Werkleistungen anstelle von Dienstleistungen auch mit höheren Preisen einher, auf der anderen Seite hat der Auftraggeber einer Dienstleistung jederzeit die volle Kontrolle über die Leistung, während bei einer Werkleistung erst der Eintritt des Erfolges die Kontrolle durch den Besteller ermöglicht.

Herausfordernd sind solche Verträge, die verschiedene Verpflichtungen unterschiedlicher Vertragstypen zu einem Vertrag zusammenfassen. Beispielsweise der Kauf, die Lieferung und der Anschluss einer Waschmaschine. Man spricht dann auch von gemischten Verträgen. Je nach Ausgestaltung des Vertrages kann z. B. nur die Gesamtheit der Leistungen ein sinnvolles Ganzes ergeben oder auch nur gedanklich unabhängige Leistungen, die die Parteien zu einem Ganzen verknüpft haben. Der Übergang zwischen diesen beiden Extremen ist dabei fließend. Grundsätzlich gilt in solchen Fällen, dass die gesetzlichen Regelungen gelten, die am besten passen. Dabei ist der Wille der Vertragsparteien entscheidend. In Ihrer Argumentation sollten Sie davon ausgehen, dass üblicherweise für jede Leistung die Vorschriften des entsprechenden Vertragstyps zu sachgerechten Ergebnissen führt. Die Installation der Waschmaschine ist sicherlich eine werkvertragliche Leistung und entsprechend finden die wertvertraglichen Vorschriften für diese Teilleistung Anwendung.

6.2 Abnahme

Die Abnahme ist in vielen Projekten ein sehr wichtiger Punkt und Gegenstand vieler Verhandlungen. Der Kunde entscheidet, ob die Leistung des Lieferanten ausreichend war. Und wenn das der Fall war, werden mit der Abnahme auch häufig Zahlungen fällig. Der juristische Begriff „Abnahme" bezeichnet dabei allgemein eine Erklärung, dass eine Sache oder ein Zustand bestimmten Kriterien entspricht, so insbesondere dass ein Werk als erfüllungstauglich bestätigt wird (der Erfolg also eingetreten ist). Gelegentlich wird der Begriff auch im Sinne von tatsächlicher Übernahme verwendet.

Der Abnahme geht eine Prüfung des Abnahmegegenstandes voraus, bei der dieser oder seine einzelnen Komponenten auf Einhaltung/Erfüllung bestimmter Abnahmekriterien überprüft werden. Werden diese Kriterien (Bedingungen, Anforderungen, Soll-Ergebnisse) nicht erfüllt, so wird, besonders bei Pflichtkriterien oder anderen wichtigen Kriterien, keine oder eine nur bedingte Abnahme erfolgen.

6.2.1 Die Abnahme beim Werkvertrag

Für den Werkvertrag ist die Abnahme in § 640 BGB geregelt. Sie ist die Erklärung des Bestellers, dass er das Werk akzeptiert und somit von erheblicher Bedeutung für die Abwicklung eines Werkvertrages.

Der Unternehmer hat Anspruch auf die Abnahme, wenn das Werk – abgesehen von unwesentlichen Mängeln – vertragsgemäß hergestellt ist. Ob ein wesentlicher Mangel vorliegt, bestimmt sich danach, ob es dem Besteller zumutbar ist, die Werkleistung abzunehmen und die hierdurch eintretenden Rechtsfolgen hinzunehmen. Ein wesentlicher Mangel kann dann vorliegen, wenn entweder die Gebrauchs- oder Funktionsfähigkeit des Werks wesentlich beeinträchtigt ist oder der Mangel ein erhebliches finanzielles Gewicht hat, d. h. erhebliche finanzielle Aufwendungen zu seiner Beseitigung erfordert. Um den Parteien die Bewertung, ob ein Mangel die Gebrauchs- oder Funktionsfähigkeit *wesentlich* beeinträchtigt, zu erleichtern, werden in vielen Projektverträgen sogenannte

Fehlerklassen vereinbart. In diesen Fehlerklassen (häufig sind es 3 oder auch 4 Fehlerklassen) wird insbesondere das Wort „wesentlich" näher definiert. Gelegentlich findet sich auch eine Unterscheidung der Fehler nach Schweregrad auf der einen Seite und Priorität auf der anderen Seite. Damit wird vor allem der individuellen Situation Rechnung getragen, dass ein Fehler – objektiv betrachtet – nicht als besonders schwerwiegend einzuordnen ist, aber dessen Auswirkungen auf den Kunden dennoch zu einer hohen Priorisierung führen. So muss z. B. die Darstellung eines Firmen-Logos in einer falschen Farbe kein schwerer Fehler sein, weil z. B. die programmierte Webseite auch mit dem falschen Logo funktioniert, aber dennoch hat die Beseitigung des Fehlers höchste Priorität aus Sicht des Kunden.

Die Abnahme ist vom Besteller ausdrücklich zu erklären, in der Praxis erfolgt aber häufig nur eine stillschweigende Abnahme (konkludente Abnahme), die z. B. in der Regel in einer vollständigen Zahlung der Vergütung gesehen werden kann. Außerdem tritt die Abnahme ohne Erklärung des Bestellers ein (fiktive Abnahme), wenn der Besteller zur Abnahme verpflichtet ist und die Abnahme trotz Fristsetzung des Unternehmers nicht erklärt (§ 640 Abs. 1 Satz 3 BGB). In der Praxis stellt die Abnahme die Vertragsparteien vor große Herausforderungen, da eine erfolgreiche Abnahme maßgeblich den Projekterfolg beeinflusst und die Interessenlage beider Parteien unterschiedlicher nicht sein könnte. Der Unternehmer möchte zügig, dass die Abnahme erklärt wird, dagegen möchte der Besteller erst dann die Abnahme erteilen, wenn er überzeugt ist, dass auch alles in Ordnung ist. Gerade bei komplexen Projektverträgen sollten Sie daher den Abnahmeprozess genauer unter die Lupe nehmen. Machen Sie sich Gedanken zu folgenden Fragen:

- Gemeinsame Definition von Abnahmekriterien und Abnahmezeiträumen? Definition von Testzeiträumen und Ablaufplänen?
- Definition/Entwicklung von Testfällen durch den Besteller?
- Übergabezeitpunkt von Auftragnehmer an Besteller?
- Mitwirkungen des Bestellers im Rahmen des Abnahmeprozesses, z. B. rechtzeitige Bereitstellung von Testfällen?

- Einfluss und Folgen für den Projektplan, sollte die Abnahme nicht erklärt werden? (Merke: Es ist immer gut, einen Plan B in der Tasche zu haben)

Komplexe Projekte unterliegen in der Regel Veränderungen, die im Rahmen des Change Managements dann umgesetzt werden. Change Management bedeutet nicht nur zusätzliche Arbeit und damit auch zusätzlicher Umsatz für den Auftragnehmer, sondern gerade bezogen auf den Abnahmeprozess gewisse Herausforderungen: Änderungen, die kurzfristig vor Übergabe der Projektleistung eingepflegt werden sollen, können die internen Abnahmevorbereitungen beim Auftragnehmer empfindlich stören (neben der eigentlichen Terminerfüllung muss er jetzt noch zusätzliche Änderungen berücksichtigen) und damit auch den Zeitplan gefährden. Es kann daher Sinn machen, wenn die Parteien einen Zeitraum vor der Übergabe festlegen, in denen Vertragsänderungen zunächst nicht umgesetzt werden, sondern dieses erst nach Abnahme erfolgt.

Die Abnahme hat insbesondere folgende Wirkungen:

- Die Vergütung wird fällig (§ 641 Abs. 1 BGB) und ist zu verzinsen (§ 641 Abs. 4 BGB).
- Die Gefahr der zufälligen Verschlechterung geht auf den Besteller über (Gefahrübergang, § 644 BGB). Bis zur Abnahme hat der Hersteller keinen Vergütungsanspruch, wenn die Herstellung unmöglich wird oder das Werk untergeht.
- Der Besteller verliert bestimmte Ansprüche hinsichtlich solcher Mängel, die er bei Abnahme kennt, aber nicht vorbehält (§ 640 Abs. 2 BGB).
- Die Beweislast für das Vorhandensein eines Mangels liegt nach der Abnahme beim Besteller (Beweislastumkehr), soweit nicht bei Abnahme ein Vorbehalt erklärt wurde.
- Die Verjährungsfrist für bestimmte Mängelansprüche beginnt zu laufen (§ 634a Abs. 2 BGB).
- Der Besteller verliert einen Anspruch auf eine vom Unternehmer verwirkte Vertragsstrafe, soweit nicht bei Abnahme ein Vorbehalt erklärt wurde (§ 341 Abs. 3 BGB).

- Der Werkvertrag kann nicht mehr gekündigt werden.

Sofern nach der Beschaffenheit des Werkes eine Abnahme nicht möglich ist, (z. B. unkörperliche Werke wie Theateraufführung, Konzert) treten die Wirkungen der Abnahme mit Vollendung ein, § 646 BGB.

Zusammengefasst finden Sie in der Übersicht in Abb. 6.5 alle wichtigen Stichpunkte zur Abnahme.

Tipps für die Vertragsgestaltung:

- Legen Sie die Abnahmeprozedur fest. Abnahmeprozedur meint den Prozess des Vergleichs, ob die abzunehmende (tatsächliche) Leistung hinsichtlich Inhalt und Umfang der vertraglich vereinbarten Leistung entspricht.
- Ohne exakte Beschreibung der geschuldeten Leistung endet jede Abnahme in einem Fiasko, da unklar ist, was bzw. was nicht geschuldet wird (inscope/outscope). Legen Sie daher viel Wert auf eine gute Leistungsbeschreibung. Hilfreich ist an dieser Stelle nicht nur zu

Gesetzliche Regelung und Definition	Form der Abnahmeerklärung
• geregelt in §§ 640 ff. BGB • Erklärung des Bestellers, dass das Werk im wesentlichen vertragsgemäß ist. • Abnahme = Hauptleistungspflicht des Bestellers!	• Schriftlich, mündlich oder durch schlüssiges Verhalten (z.B. Ingebrauchnahme, produktive Nutzung) • **Abnahmefiktion** (§ 640 I 3 BGB): wenn Besteller das Werk nicht innerhalb einer vom Unternehmer bestimmten angemessenen Pflicht abnimmt, obwohl das Werk abnahmefähig ist.
Teilabnahme	Unwesentliche Mängel
• Anspruch auf Teilabnahme besteht nur bei entsprechender Vereinbarung. • Gekoppelte Hardware und Software Verträge geltend erst dann als abgenommen, wenn die Einheit fehlerfrei funktioniert.	• berechtigen nicht zur Verweigerung der Abnahme (§ 640 I BGB)

Abb. 6.5 Übersicht Abnahme beim Werkvertrag. (Quellenangabe: Autoren)

beschreiben, was geleistet werden soll, sondern auch zu beschreiben, was nicht geleistet wird – oder nur gegen extra Vergütung.

- Definieren Sie möglichst genau die Abnahmekriterien und passende Fehlerklassen. Abnahmekriterium für die Installation der Waschmaschine wäre z. B., dass Wasser beim Starten eines Waschprogramms in die Waschmaschine läuft und nach Beendigung oder Stopp des Programms automatisch stoppt. Fehlerklasse „abnahmeverhindernd" oder „wesentlicher Mangel" könnte z. B. sein, dass Wasser aus der Verbindung zwischen Waschmaschine und Wasseranschluss austritt.
- Können Sie die Projektleistungen in einzelne Teilleistungen unterteilen, kann die Vereinbarung von Teilabnahmen sinnvoll sein. In diesem Fall sollten Sie jedoch darauf achten, dass die Summe aller einzelnen Teilabnahmen nicht gleichbedeutend ist mit einer Gesamtabnahme aller Leistungen. Diese Gesamtabnahme sollte im Nachgang zu allen Teilabnahmen erfolgen (Achtung! Das hat natürlich Auswirkungen auf den Zeitplan!).

6.2.2   Die Ablieferung (Abnahme) beim Kaufvertrag

Gemäß § 377 Abs. 1 HGB ist der Kauf für beide Vertragspartner ein Handelsgeschäft. Voraussetzung ist natürlich, dass beide Vertragsparteien Kaufleute im Sinne des HGB sind. Dann muss der Käufer die Ware unverzüglich nach der Ablieferung durch den Verkäufer untersuchen (soweit das möglich ist) und, wenn sich ein Mangel zeigt, dem Verkäufer unverzüglich anzeigen. Bekommt der Käufer z. B. 10 Paletten Senf geliefert, muss er sicherlich nicht jedes Glas Senf untersuchen, aber er muss die Paletten auf äußere sichtbare Beschädigungen prüfen und ggf. auch Stichproben nehmen.

Zeigt der Käufer keinen Mangel an, gilt die gelieferte Ware als genehmigt, es sei denn, dass es sich um einen Mangel handelt, der bei der Untersuchung nicht erkennbar war. Zeigt sich später ein Mangel, so muss die Anzeige unverzüglich nach der Entdeckung gemacht werden; passiert das nicht, gilt die Ware auch dann als genehmigt.

Eine Zusammenfassung der Ablieferung beim Kaufvertrag finden Sie in Abb. 6.6.

Gesetzliche Regelung und Definition	Mängelanzeige
• geregelt in § 370 HGB (nur B2B) • „Unverzügliche" Rügepflicht des Käufers, sofern nach normalem Geschäftsgebaren möglich	• Unterlässt der Käufer die Anzeige, gilt die Ware als genehmigt, es sei denn, der Mangel war nicht erkennbar, § 370 II HGB • Wird der Mangel später entdeckt, muss dieser sofort geltend gemacht werden, § 370 III HGB

Abb. 6.6 Übersicht Ablieferung beim Kaufvertrag. (Quellenangabe: Autoren)

6.3 Kaufvertrag oder Werkvertrag? Der Werklieferungsvertrag

§ 650 Abs. 1 BGB (Werklieferungsvertrag):

Auf einen Vertrag, der die Lieferung herzustellender oder zu erzeugender beweglicher Sachen zum Gegenstand hat, finden die Vorschriften über den Kauf Anwendung. § 442 Abs. 1 Satz 1 findet bei diesen Verträgen auch Anwendung, wenn der Mangel auf den vom Besteller gelieferten Stoff zurückzuführen ist. Soweit es sich bei den herzustellenden oder zu erzeugenden beweglichen Sachen um nicht vertretbare Sachen handelt, sind auch die §§ 642, 643, 645, 648 und 650 mit der Maßgabe anzuwenden, dass an die Stelle der Abnahme der nach den §§ 446 und 447 maßgebliche Zeitpunkt tritt.

Damit regelt § 650, dass für sogenannte Werklieferverträge nicht das Werkvertragsrecht zur Anwendung kommt, sondern Kaufrecht. Das ist insofern bedeutend, als dass auf einen Werklieferungsvertrag die werkvertraglichen Regelungen wie z. B. die Regelungen zur Abnahme, gerade nicht zur Anwendung kommen. Glaubt man als Besteller irrtümlich, dass das Werk noch abgenommen werden muss (man also alle Zeit der Welt hätte, eventuelle Mängel zu melden), weil es sich um einen Werkvertrag handeln würde, dann könnte man die Sachmängelansprüche nach Kaufrecht verlieren, weil man offensichtliche Mängel nicht bei Übergabe der Sache gerügt hat. Insofern ist es sehr wichtig zu klären, ob für ein Werklieferungsvertrag vorliegt oder nicht.

Bei einem Werkliefervertrag handelt es sich um Verträge, nach denen eine Sache hergestellt oder erzeugt wird, also etwas Neues geschaffen wird. Weiter wird zwischen vertretbaren Sachen und unvertretbaren Sachen unterschieden, denn nur für vertretbare Sachen kommt Kaufrecht zur Anwendung. Vertretbare Sachen sind bewegliche Sachen, die im kaufmännischen Verkehr nach Zahl, Maß oder Gewicht bestimmt werden (vgl. § 91 BGB). Eine unvertretbare Sache ist z. B. die Erstellung eines Gemäldes.

Beispiel: Lieferung und Einbau einer Küche
Die Einordnung des Vertrags (Werkliefervertrag und damit Kaufrecht oder Werkvertrag) hängt davon ab, worin der Schwerpunkt der Leistung liegt.

- Schwerpunkt des Vertrages liegt auf der Montage- und Bauleistung (z. B. Einbau und Einpassung einer Sache in die Räumlichkeit) = Werkvertrag.
- Schwerpunkt des Vertrages liegt auf dem Warenumsatz und es kommt weniger auf die individuellen Anforderungen und die geschuldete Montage-Bauleistung an, („Sache von der Stange") = Kaufvertrag mit Montageverpflichtung.[16]

6.4 Rücktritt vom Vertrag

Wird die vertragliche vereinbarte Sache nicht geliefert, kann der Kunden einen Anspruch auf Rücktritt vom Vertrag haben.

§ 323 BGB: Rücktritt wegen nicht oder nicht vertragsgemäß erbrachter Leistung

(1) Erbringt bei einem gegenseitigen Vertrag der Schuldner eine fällige Leistung nicht oder nicht vertragsgemäß, so kann der Gläubiger, wenn er dem Schuldner erfolglos eine angemessene Frist zur Leistung oder Nacherfüllung bestimmt hat, vom Vertrag zurücktreten.

(2) Die Fristsetzung ist entbehrlich, wenn

1. der Schuldner die Leistung ernsthaft und endgültig verweigert,
2. der Schuldner die Leistung zu einem im Vertrag bestimmten Termin oder innerhalb einer bestimmten Frist nicht bewirkt und der

Gläubiger im Vertrag den Fortbestand seines Leistungsinteresses an die Rechtzeitigkeit der Leistung gebunden hat oder

3. besondere Umstände vorliegen, die unter Abwägung der beiderseitigen Interessen den sofortigen Rücktritt rechtfertigen.

(3) Kommt nach der Art der Pflichtverletzung eine Fristsetzung nicht in Betracht, so tritt an deren Stelle eine Abmahnung.

(4) Der Gläubiger kann bereits vor dem Eintritt der Fälligkeit der Leistung zurücktreten, wenn offensichtlich ist, dass die Voraussetzungen des Rücktritts eintreten werden.

(5) Hat der Schuldner eine Teilleistung bewirkt, so kann der Gläubiger vom ganzen Vertrag nur zurücktreten, wenn er an der Teilleistung kein Interesse hat. Hat der Schuldner die Leistung nicht vertragsgemäß bewirkt, so kann der Gläubiger vom Vertrag nicht zurücktreten, wenn die Pflichtverletzung unerheblich ist.

(6) Der Rücktritt ist ausgeschlossen, wenn der Gläubiger für den Umstand, der ihn zum Rücktritt berechtigen würde, allein oder weit überwiegend verantwortlich ist oder wenn der vom Schuldner nicht zu vertretende Umstand zu einer Zeit eintritt, zu welcher der Gläubiger im Verzug der Annahme ist.

Zusammenfassung

- Anspruch: Rücktritt vom Vertrag, wenn angemessene Frist gesetzt wurde (§ 323 I BGB)
- Verspätung = Nichteinhaltung vertraglich vereinbarter Termine
- ACHTUNG: Mitwirkungshandlungen beachten!
- Wenn der Hersteller die Verspätung zu verschulden hat:

  – Anspruch auf Ersatz des reinen Vermögensschadens
  – Schadensersatz statt der Leistung erst nach Fristsetzung

6.5 Kündigung

Außer für den Kaufvertrag enthalten der Dienstvertrag und der Werkvertrag gesetzliche Regelungen zur Kündigung dieser Verträge. Dienstverträge erledigen sich häufig von selbst, weil viele Dienstverträge für eine bestimmte Dauer abgeschlossen werden und wenn diese Zeit abgelaufen ist, enden sie automatisch, ohne dass es einer Kündigung bedarf (§ 620 Abs. 1 BGB). Enthält der Dienstvertrag keine Kündigungsregelungen, bestimmt die Art und Weise der Bezahlung (nach Tagen, Wochen, Monaten etc.), wann ein Dienstvertrag gekündigt werden kann, vgl. § 621 Kündigungsfristen bei Dienstverhältnissen.

Für Werkverträge enthält das BGB sowohl für den Besteller als auch für den Hersteller des Werkes Kündigungsregelungen, die in Abb. 6.7 zusammengefasst sind.

Daneben gibt es aber auch immer die Möglichkeit, über einen Aufhebungsvertrag einen Vertrag zu beenden. Allerdings setzt das voraus, dass sich beide Vertragsparteien über die Beendigung des Vertrages einig sind.

Schließlich bleibt noch die Möglichkeit der Kündigung aus wichtigem Grund. Dieser Kündigungsgrund findet sich sowohl beim Dienstvertrag als auch beim Werkvertrag. Er soll insbesondere dazu dienen beiden Vertragsparteien die Kündigung zu ermöglichen, wenn das Festhalten am Vertrag aufgrund eines wichtigen Grundes nicht mehr zumutbar ist (§ 626 BGB für den Dienstvertrag und § 648a BGB für den Werkvertrag).

Kündigung durch den Besteller (§ 648 BGB)	Kündigung durch den Hersteller (§ 643 BGB)
▪ Jederzeit und ohne Angaben von Gründen bis zur Vollendung des Werkes möglich. ▪ ABER: Hersteller kann Werklohn abzüglich ersparter Aufwendungen verlangen. ▪ Vermutung: 5% der Vergütung für noch nicht erbrachte Leistungen stehen dem Hersteller zu.	▪ Voraussetzung: Mitwirkungshandlungen werden durch den Besteller nicht vorgenommen.

Abb. 6.7 Kündigungsmöglichkeiten Werkvertrag. (Quellenangabe: Autoren)

6.6   Vertragliche Auslegung

Die Auslegungsregeln werden in den ersten Semestern des Jurastudiums vermittelt und geraten dann sehr gerne in Vergessenheit. Dabei spielen Sie beim Claim Management eine sehr wichtige Rolle. Wie oben schon erwähnt, gibt es keinen rechtsfreien Raum und auch Vertragstexte bedürfen der Auslegung.

Rechtsnormen sind abstrakt und bedürfen der Konkretisierung. Dies ist das Ziel der/einer Auslegung, als Teil einer Rechtsanwendung.

Der Begriff „Auslegung" bedeutet für sich gesehen: „Auseinanderlegung", „Ausbreitung" und Darlegung des in einem Text beschlossenen, aber noch gleichsam verhüllten Sinnes. Der Begriff bezeichnet mithin eine „Tätigkeit", einen „Vorgang", durch den der Sinn eines Textes „deutlicher und genauer ausgesagt und mitteilbar gemacht" wird. Ziel dieses Vorganges ist eine konkrete Aussage, wie der Text zu verstehen ist. Im Grunde nichts anderes, als die Interpretation eines Gedichts und die Beantwortung der Frage „was wollte der Dichter uns damit sagen?".

In den Rechtswissenschaften wird der Begriff „Auslegung" unterschiedlich verwendet:

Zum einen als Bezeichnung für den Vorgang des Auslegens mit dem Ziel, eine Norm zu konkretisieren; ferner als Bezeichnung für das Ergebnis dieses Vorganges, d. h. die „im Wege der" Auslegung gewonnene konkrete Deutung (Aussage, wie die Norm konkret zu verstehen ist).

Der Begriff wird auch im Zusammenhang mit den (unterschiedlichen) Methoden der Auslegung verwendet (grammatische Auslegung, systematische Auslegung und so weiter).

Außerdem wird mit dem Begriff Auslegung auch die sogenannte erste Stufe der Rechtsanwendung bezeichnet (Anwendung staatlich erlassener Rechtsvorschriften, d. h. positiv-gesetzlicher Vorschriften) in Abgrenzung zur sogenannten zweiten Stufe der Rechtanwendung (Anwendung von richterrechtlich fortgebildetem bzw. neu geschaffenem Recht).

Wenn es um „die/eine Auslegung" als „Teil einer Rechtsanwendung" geht, ist damit in erster Linie, maßgeblich der Vorgang gemeint, der darauf abzielt, eine Gesetzesbestimmung zu konkretisieren, d. h. die konkrete Bedeutung abstrakter Gesetzesbegriffe zu bestimmen.

Ein Gesetz auszulegen heißt, die genaue Bedeutung der Gesetzesworte zu bestimmen. Die Bedeutung von Wörtern wird operational (z. B. durch Zählen) oder exemplarisch durch Hinweis („Deuten") auf Erfahrungsgegebenheiten (z. B. dort am Waldrand steht ein Reh) eingeführt. Ist diese Assoziation hergestellt, ruft das Wort die Erfahrungsinhalte oder Sinngehalte, die es „bedeutet" und „bezeichnet" (für die es als Zeichen steht), in Erinnerung. Der Bedeutungsumfang von Erfahrungsbegriffen wird in der Regel nicht exakt, sondern mit einem Bedeutungsspielraum eingeführt (vom wievielten Baum ab ist ein Baumbestand ein „Wald"?). Die Auswahl der passenden Wortbedeutung vollzieht sich nicht deduktiv, sondern argumentativ, d. h. durch ein Erwägen von Gründen, die diese Auswahl, d. h. die Konkretisierung und Entwicklung des Rechts leiten (s. u. Ziff. 4 und 6.2). Die Rolle des Richters ist daher neben der des Gesetzgebers. für das Recht von zentraler Bedeutung. Ausgangspunkt für das Verständnis von Texten ist das eigene (Vor-)Wissen und Vorverständnis. Wie auch bei der Auslegung von Nicht-Normtexten kommt es dadurch zu einem Hermeneutischen Zirkel (Quelle Wikipedia).

6.7 Konkrete Beispiele

6.7.1 Mittlere Art und Güte

Wenn in einem Vertrag geregelt ist „A liefert B ein Auto", dann stellt sich die Frage, was für ein Auto A liefern muss. Wenn in einem Vertrag keine näheren Angaben in Bezug auf den Vertragsgegenstand gemacht wurden, dann bestimmt § 243 BGB was geliefert werden soll. Nämlich „mittlere Art und Güte".

6.7.2 Gattungsschuld

Bei der Gattungsschuld handelt sich um ein Schuldverhältnis über eine Sache, die nur nach allgemeinen Merkmalen (Gattungsmerkmalen) geschuldet wird. Also z. B. ein Kilo Kartoffeln. Ob eine Gattungsschuld gegeben ist, ergibt sich aus der Parteivereinbarung. Die Parteien sind dabei nicht daran interessiert, dass dem Gläubiger eine ganz bestimmte Sache übereignet wird, sondern der Kunde bekommt ein Erzeugnis aus der Serienproduktion, das typischerweise allen anderen Erzeugnissen gleichartig ist, z. B. ein Auto.

- Gesetzliche Regelungen in § 243 Abs. 1 BGB
- „Wer eine nur der Gattung nach bestimmte Sache schuldet, hat eine Sache von mittlere Art und Güte zu leisten"
- Sicht des objektiven Dritten: „Wie würde der Sachverhalt von einem nichtbeteiligten Dritten gesehen werden?"
- Durch Urteile oder Aufsätze gefestigt
- Nicht die dicksten aber auch nicht die dünnsten Kartoffeln

Eine Argumentation mithilfe der Gattungsschuld ist in der Praxis i. d. R. eine sehr gute Basis, um Ansprüche geltend zu machen.

6.7.3   Mängelbegriffe als Basis

Nach § 434 Abs. 1 BGB gilt im Kaufrecht, dass die gekaufte Sache dann keinen Mangel aufweist, wenn sie den subjektiven Anforderungen, den objektiven Anforderungen und den Montageanforderungen (sofern einschlägig) entspricht.

Die Sache entspricht den subjektiven Anforderungen, wenn sie

- die vereinbarte Beschaffenheit hat,
- sich für die nach dem Vertrag vorausgesetzte Verwendung eignet und
- mit dem vereinbarten Zubehör und den vereinbarten Anleitungen, einschließlich Montage- und Installationsanleitungen, übergeben wird.

Soweit nicht wirksam etwas anderes vereinbart wurde, entspricht die Sache den objektiven Anforderungen, wenn sie

- sich für die gewöhnliche Verwendung eignet,
- eine Beschaffenheit aufweist, die bei Sachen derselben Art üblich ist und die der Käufer erwarten kann unter Berücksichtigung

  – der Art der Sache und
  – der öffentlichen Äußerungen, die von dem Verkäufer oder einem anderen Glied der Vertragskette oder in deren Auftrag, insbesondere in der Werbung oder auf dem Etikett, abgegeben wurden,
  – der Beschaffenheit einer Probe oder eines Musters entspricht, die oder das der Verkäufer dem Käufer vor Vertragsschluss zur Verfügung gestellt hat, und
  – mit dem Zubehör einschließlich der Verpackung, der Montage- oder Installationsanleitung sowie anderen Anleitungen übergeben wird, deren Erhalt der Käufer erwarten kann.

Zu der üblichen Beschaffenheit gehören Menge, Qualität und sonstige Merkmale der Sache, einschließlich ihrer Haltbarkeit, Funktionalität, Kompatibilität und Sicherheit. Der Verkäufer ist durch die in Satz 1 Nr. 2 Buchstabe b genannten öffentlichen Äußerungen nicht gebunden, wenn er sie nicht kannte und auch nicht kennen konnte, wenn die Äußerung im Zeitpunkt des Vertragsschlusses in derselben oder in gleichwertiger Weise berichtigt war oder wenn die Äußerung die Kaufentscheidung nicht beeinflussen konnte.

Soweit eine Montage durchzuführen ist, entspricht die Sache den Montageanforderungen, wenn die Montage

- sachgemäß durchgeführt worden ist oder
- zwar unsachgemäß durchgeführt worden ist, dies jedoch weder auf einer unsachgemäßen Montage durch den Verkäufer noch auf einem Mangel in der vom Verkäufer übergebenen Anleitung beruht.

Einem Sachmangel steht es im Kaufrecht gleich, wenn der Verkäufer eine andere Sache als die vertraglich geschuldete Sache liefert.

Im Werkvertragsrecht sind die Voraussetzungen etwas anders, denn dort kommt es in erster Linie auf die vereinbarte Beschaffenheit an (vgl. § 633 Abs. 2 BGB). Das Werk ist frei von Sachmängeln, wenn es die vereinbarte Beschaffenheit hat. Soweit die Beschaffenheit nicht vereinbart ist, ist das Werk frei von Sachmängeln,

* wenn es sich für die nach dem Vertrag vorausgesetzte, sonst
* für die gewöhnliche Verwendung eignet und eine Beschaffenheit aufweist, die bei Werken der gleichen Art üblich ist und die der Besteller nach der Art des Werkes erwarten kann.

Einem Sachmangel steht es gleich, wenn der Unternehmer ein anderes als das bestellte Werk oder das Werk in zu geringer Menge herstellt.

Beispiel:
Im Vertrag ist geregelt „A liefert B ein Auto". Es ist eindeutig, dass das Auto nicht als Ersatzteillager verkauft wird, sondern zur Teilnahme am Straßenverkehr gedacht ist. Kann B darauf bestehen, dass das Auto mit Scheibenwischern geliefert wird?
Bitte versuchen Sie nun selbst zu definieren, ob der Scheibenwischer geschuldet ist und nehmen Sie dabei die obige Argumentation zur Hilfe.
Antwort: B kann darauf bestehen, dass das Auto mit Scheibenwischern geliefert wird. Das Nichtvorhandensein von Scheibenwischern stellt einen Mangel dar (Kaufvertrag: § 434 BGB; Werkvertrag: § 633 BGB), zum anderen darf B nach dem Grundsatz von Treu und Glauben (§§ 242, 157 BGB) Scheibenwischer erwarten.

Zusammenfassung der Mängelhaftung

* Unterschiede Sachmangel und Rechtsmangel
    - Ein Sachmangel (§ 434 BGB) liegt vor, wenn die Sache nicht den subjektiven Anforderungen, den objektiven Anforderungen und den Montageanforderungen (soweit einschlägig) entspricht.
    - Ein Rechtsmangel (§ 435 BGB) liegt vor, wenn Dritte Rechte gegen den Käufer geltend machen können.
    - Rechtsfolgen für Rechts- und Sachmängel sind gleich.

- Beweislast:

  - Grundsatz: Jede Partei, die den Eintritt einer Rechtsfolge geltend macht, muss die Voraussetzungen der für sie günstigen §§ beweisen.
  - Mangelhaftigkeit

    Nach Ablieferung der Sache muss der Käufer beweisen.
    Vor Ablieferung muss der Verkäufer/Lieferant beweisen.

6.7.4   Treu und Glauben

Der Grundsatz von Treu und Glauben (im englischen Equity) ist eine Generalklausel und dementsprechend abstrakt gefasst. Zur Konkretisierung sind bestimmte Fallgruppen gebildet worden. Dazu gehört zum Beispiel das Verbot des Rechtsmissbrauchs und das Verbot des *venire contra factum proprium*. Diese Fallgruppen dienen vor allem dazu, Sachverhalte aufzufangen, die nicht bereits von einer speziellen gesetzlichen Konkretisierung des Grundsatzes von Treu und Glauben erfasst werden. Solche gesetzlichen Konkretisierungen finden sich im deutschen Recht in den §§ 243 ff. BGB. Zum Beispiel die Verpflichtung, bei einer Gattungsschuld Waren mittlerer Art und Güte zu leisten (siehe oben). Besonders anschaulich ist der Zusammenhang zwischen dem Grundsatz von Treu und Glauben und § 241 Abs. 2 BGB. Bevor § 241 Abs. 2 BGB im Jahre 2002 ins BGB aufgenommen wurde, wurde der Inhalt dieser Vorschrift allein aus Treu und Glauben abgeleitet. Abb. 6.8 fasst den Grundsatz von Treu und Glauben noch einmal zusammen.

Eine Argumentation auf Basis von Treu und Glauben ist in der Praxis nicht sehr stark, da es nur wenige Anhaltspunkte (Urteile) gibt, was Treu und Glauben im Konkreten meint.

Beispiel:
Im Vertrag ist geregelt „A liefert B ein Auto". Es ist eindeutig, dass das Auto nicht als Ersatzteillager verkauft wird, sondern zur Teilnahme am

Leistungen nach Treu und Glauben

- Gesetzliche Regelungen in §§ 242, 157 BGB
- „Der Schuldner ist verpflichtet, die Leistungen so zu bewirken, wie *Treu und Glauben* mit Rücksicht auf die *Verkehrssitte* es erfordert." in der Praxis häufig „Geist des Vertrages"
- Sicht des objektiven Dritten:
  „Wie würde der Sachverhalt von einem nichtbeteiligten Dritten gesehen werden."
- Durch Urteile oder Aufsätze gefestigt
- Häufig als gesetzliche Argumentation für Richter
- Schwache Argumentation

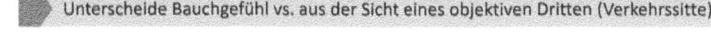 Unterscheide Bauchgefühl vs. aus der Sicht eines objektiven Dritten (Verkehrssitte)

Abb. 6.8 Übersicht Treu und Glauben. (Quellenangabe: Autoren)

Straßenverkehr vorgesehen ist. Kann B darauf bestehen, dass das Auto mit Sicherheitsgurten geliefert wird?

Bitte versuchen Sie nun selbst zu definieren, ob das Auto mit Sicherheitsgurten geschuldet ist und nehmen Sie dabei die obige Argumentation zur Hilfe.

Antwort: B kann darauf bestehen, dass das Auto mit Sicherheitsgurten geliefert wird. Aufgrund der ungeschriebenen Nebenpflichten zum Kaufvertrag gemäß § 433 BGB (bzw. § 631 BGB beim Werkvertrag) muss A das Auto mit Sicherheitsgurten liefern.

6.7.5 Ungeschriebene Nebenpflichten

Als Nebenpflichten werden im Zivilrecht untergeordnete, dienende Pflichten innerhalb eines zwischen zwei Personen bestehenden Schuldverhältnisses bezeichnet. Achtung! Der Begriff wird nichteinheitlich verwendet!

Mitunter sind damit – missverständlich – die Schutz- bzw. Rücksicht(nahme)pflichten nach § 241 Abs. 2 BGB gemeint, die zu „Rücksicht auf die Rechte, Rechtsgüter und Interessen" der anderen Partei verpflichten. Die schuldhafte Verletzung dieser Schutzpflichten begründet nach § 280 ff. BGB Schadenersatzpflichten und kann die Gegenseite ausnahmsweise sogar zum Rücktritt berechtigen. Nebenpflichten sind dann also der Gegenbegriff zu den Leistungspflichten.

Oft werden unter Nebenpflichten aber auch die Nebenleistungs-
pflichten verstanden, also diejenigen Leistungspflichten, die im gegenseitigen Vertrag nicht als Hauptleistungspflichten im Synallagma stehen.
Nebenpflichten sind dann das Gegenstück zu den Hauptleistungspflichten. Die Unterscheidung spielt seit der Schuldrechtsmodernisierung nur
noch für die Einrede des nichterfüllten Vertrags eine Rolle, während das
Rücktrittsrecht generell an die Verletzung von Leistungspflichten an-
knüpft, das Schadensersatzrecht sogar jede Pflichtverletzung genügen
lässt.

Andere bezeichnen als Hauptpflichten die vertragstypischen Pflichten, also diejenigen, die den Vertrag zu einem solchen machen, wie er
im BGB typisierend aufgeführt ist. Insoweit kommt dem Begriff die
Funktion zu, die passenden gesetzlichen Regeln zur Ausfüllung von Lü-
cken im Vertrag zu finden. Hauptpflicht des Kaufvertrages wäre dann
die Pflicht zu Übereignung und Übergabe, der Begriff bezieht sich also
auf die Leistung in Abgrenzung zur Gegenleistung.

Ungeschriebene Nebenpflichten existieren:

- zu allen Vertragstypen,
- ergeben sich aus Schutz-, Obhuts- und Dokumentationspflichten
  und
- sind durch die Rechtsprechung gefestigt.

6.8   Die Auslegung im engeren Sinne

Auslegungsziel ist Sinn- und Inhaltsermittlung der Normen. Abstrakte
Begriffe erhalten dadurch eine konkrete Bedeutung. Normen müssen
interpretiert werden, sie sind weder selbstverständlich noch eindeutig.
Schon die Feststellung der Eindeutigkeit ist ein Akt der Auslegung (anders im Absolutismus [In claris non fit interpretatio] oder im angloamerikanischen und französischen Rechtskreis [Sens clair- oder Acte-clair-
doctrin] – hier durfte ein vermeintlich klar und eindeutig formulierter
Rechtstext nicht ausgelegt werden).

Ist der Inhalt bzw. der Sinn einer Norm aber zweifelhaft, ist stets
Interpretation und Auslegung geboten. Dann stellt sich die Frage, ob

der vom Normgeber subjektiv gewollte oder objektiv verfolgte Sinn (das „Gesagte") ermittelt werden muss. Neben diesem sachlichen Unterschied gibt es noch einen Zeitlichen. Soll dabei auf den historischen Zeitpunkt des Normsetzung abgestellt werden oder auf den aktuellen Zeitpunkt der Normauslegung? Kombiniert man diese beiden Fragen, so ergeben sich vier Möglichkeiten, um das Ziel der Auslegung zu bestimmen:

- Subjektiv-entstehungszeitlich
- Objektiv-entstehungszeitlich
- Subjektiv-auslegungszeitlich
- Objektiv-auslegungszeitlich

6.9 Auslegungsmethoden

Maßgebend für die Auslegung einer Gesetzesvorschrift ist der in dieser zum Ausdruck kommende objektivierte Wille des Gesetzgebers, so wie er sich aus dem Wortlaut der Gesetzesbestimmung und dem Sinnzusammenhang ergibt, in den diese hineingestellt ist. Nicht entscheidend ist dagegen die subjektive Vorstellung der am Gesetzgebungsverfahren beteiligten Organe oder einzelner ihrer Mitglieder über die Bedeutung der Bestimmung. Der Entstehungsgeschichte einer Vorschrift kommt für deren Auslegung nur insofern Bedeutung zu, als sie die Richtigkeit einer nach den angegebenen Grundsätzen ermittelten Auslegung bestätigt oder Zweifel behebt, die auf dem angegebenen Weg allein nicht ausgeräumt werden können.[17]

Hierzu kann man sich folgender Auslegungsmethoden bedienen:

6.9.1 Sprachlich-grammatikalisch

Die „grammatische" oder „grammatikalische" Auslegung beruht auf der Überlegung, dass jede Auslegung eines Textes bei dem Wortsinn beginnen muss. Im Rahmen der Auslegung nach dem Wortlaut geht es maßgeblich darum, den allgemeinen Sprachgebrauch zu ermitteln, bzw.

festzustellen, ob es im Gesetz selbst eine für das Verständnis einzelner Vertragsbestandteile verbindliche Begriffsbestimmung (Legaldefinition) gibt. Konkret wird also danach gefragt, was sagt der Text des Vertrages. Die sprachlich-grammatikalische Auslegung ist in Abb. 6.9 zusammengefasst.

6.9.2   Systematische Auslegung

Die systematische Auslegung beruht auf dem Gedanken, dass der Vertrag als Ganzes widerspruchsfrei aufgebaut sein muss und deshalb keine Regelung in ihr einer anderen Regelung widersprechen kann. In diesem Sinne ist die systematische Auslegung keine wirkliche Auslegungsmethode, sondern nur ein Konstruktionsprinzip. Teilweise wird der systematischen Auslegung noch der zusätzliche Aspekt zugemessen, dass eine Regelung nach der Systematik der mit ihr im Zusammenhang stehenden Regelungen auszulegen ist. Hier hat etwa die aufs römische Recht zurückgehende Auslegungsregel, dass Ausnahmevorschriften eng auszulegen sind, ihre Heimat. Gegen die so verstandene systematische Auslegung wird häufig vorgebracht, dass es nicht der wesentliche Schritt ist, die Folge aus einer erkannten Systematik zu ziehen, sondern eine Systematik zu erkennen, was nur durch die anderen Auslegungsmethoden möglich ist. Eine Zusammenfassung und ein Beispiel zur systematischen Auslegung finden Sie in Abb. 6.10.

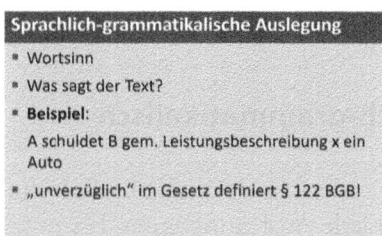

Abb. 6.9 Zusammenfassung sprachlich-grammatikalische Auslegung. (Quellenangabe: Autoren)

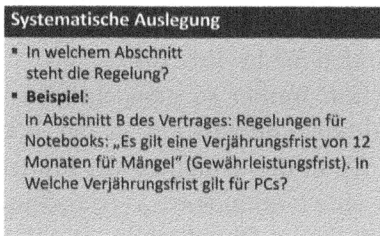

Abb. 6.10 Zusammenfassung systematische Auslegung. (Quellenangabe: Autoren)

6.9.3 Teleologische Reduktion

Die teleologische Auslegung wird heutzutage häufig als das Kernstück der Auslegungsmethoden angesehen, die im Zweifel den Ausschlag gibt. Sie erfordert, den Sinn der vertraglichen Regelung danach festzusetzen, was für ein Ziel (griechisch τέλος) mit der Norm erreicht werden soll (also Sinn und Zweck). Ein Beispiel für die teleologische Auslegung findet sich in Abb. 6.11.

6.9.4 Rückschlüsse und historische Auslegung

Die historische Auslegung kann in zwei unterschiedliche Richtungen vorgenommen werden (je nach Auslegungsziel). Sie dient zur Ermittlung des vom Gesetzgeber bzw. Vertragsverfassers Gesagten oder

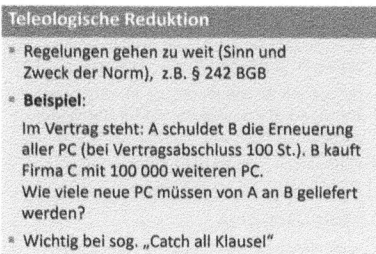

Abb. 6.11 Zusammenfassung teleologische Reduktion. (Quellenangabe: Autoren)

Gewollten. Eine Unterscheidung zwischen Rückschlüssen und Analogien mit Beispielen finden Sie in Abb. 6.12.

Die „haben wir schon immer so gemacht"-Auslegung ist sicherlich keine Auslegungsmethode, sondern ein in der Praxis sehr häufig verwendetes Argument. Wenn dieses „haben wir immer schon so gemacht" nicht ausreichend für eine konkludente Vertragsänderung ist, kann man mit diesem Argument nur sehr schwach eine Auslegung begründen. Denn historische Auslegung bedeutet, dass man sehr weit in die Vergangenheit zurückreisen muss. Wenn z. B. vertraglich vereinbar ist, dass A jeden Tag um 12 Uhr B einen Apfel liefern muss, aber B schon seit 20 Jahren eine halbe Stunde später, also um 12.30 Uhr kommt, dann ist die Vermutung groß, dass es sich um eine konkludente Vertragsänderung handelt.

6.10 Mitwirkungspflichten

Was die Mitwirkungsleistungen des Kunden im Rahmen der verschiedenen Vertragstypen sind, ist meist im Groben klar, im Einzelnen allerdings oft umstritten bzw. unklar. Normalerweise bedarf es einer Mitwirkung des Kunden bei der Erstellung eines komplexeren Werkes, z. B. muss der Kunde dem Hersteller seines Hauses sagen, wo er gerne Steckdosen hätte. Ist im Werkrecht eine Handlung des Kunden

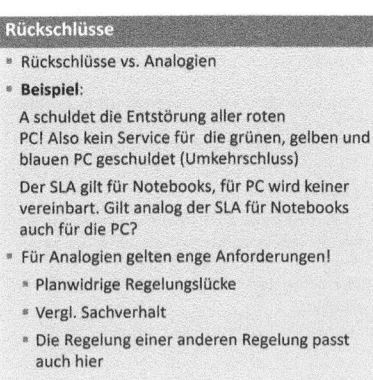

Abb. 6.12 Zusammenfassung Rückschlüsse. (Quellenangabe: Autoren)

(Mitwirkungspflicht) erforderlich, so kann der Werklieferant gem. § 642 Abs. 1 BGB, wenn der Kunde durch das Unterlassen der Handlung in Verzug der Annahme kommt, eine angemessene Entschädigung verlangen. Ferner ist der Werklieferant im Falle des § 642 BGB berechtigt, dem Kunden zur Nachholung der Handlung eine angemessene Nachfrist mit der Erklärung zu setzen, dass er den Vertrag kündige, wenn die Handlung nicht bis zum Ablaufe der Frist vorgenommen werde, vgl. § 643 S. 1 BGB.

Dennoch sind gerade in komplexeren Projekten, die auch kauf- oder dienstvertragliche Elemente enthalten können, verschiedenste Arten von Mitwirkungen erforderlich, damit der Lieferant seine Leistungen erbringen kann. Manche Mitwirkungen mögen vielleicht selbstverständlich sein (wenn der Reparateur für die Waschmaschine kommt, muss ich ihm die Tür öffnen), andere dagegen sind es nicht (dass ich dem Reparateur Werkzeug zur Verfügung stellen muss, müsste z. B. konkret vereinbart werden).

Die Mitwirkungspflicht des Kunden kann auch in der Bereitstellung von Infrastruktur liegen, aber auch in konkreten Leistungen des Kunden, wie die Bereitstellung bestimmter Software-Applikationen (z. B. Lizenzen für mySAP ERP Module). Man spricht in solchen Fällen auch gerne von Beistellungen durch den Kunden. Hierbei macht es wenig Sinn, in einem Rahmenvertrag solche projektspezifischen Regelungen für den Einzelfall aufzunehmen. Diese sollte dann in einen entsprechenden Einzelvertrag oder auch als Teil der Leistungsbeschreibung definiert werden. Allgemeine, eher selbstverständliche und häufig wiederkehrende Mitwirkungspflichten sollten daher eher im Rahmenvertrag definiert werden.

Zusammenfassung

● **Gesetzliche Regelung im Werkvertragsrecht**

– Obliegenheit/Pflicht zur Mitwirkung des Bestellers (§ 642 BGB)
– Nach Art und Beschaffenheit des zu erstellenden Werkes z. B.:

Lieferung von Informationen und Unterlagen

Erstellung der Vorgaben für das Werk, d. h. im IT-Bereich: Erstellung des Pflichtenheftes
Bereitstellung von Räumlichkeiten
Koordinierung der Unternehmer, wenn mehrere für verschiedene Teilleistungen beauftragt werden

– Entschädigungsanspruch des Unternehmers, wenn der Besteller durch unterlassene Mitwirkung in Annahmeverzug kommt (§ 642 I BGB)
– Recht zur Kündigung, wenn Besteller innerhalb gesetzter angemessener Frist seine
  Mitwirkungspflichten nicht erfüllt (§ 643 BGB)

• **Im Übrigen keine gesetzliche Regelung von Mitwirkungspflichten**

– Für alle anderen Vertragstypen ist es zwingend notwendig diese im Vertrag explizit zu definieren.
– Nicht ausreichend ist: alle notwendigen Mitwirkungspflichten

• Sehr konkrete Beschreibung: Firma XY stellt folgende Mitarbeiter:innen zur Verfügung…
• Mitwirkungspflichten müsse ansonsten aus dem Gesetz hergeleitet werden, z. B. § 241 Abs. 2 oder § 242 aus Treu und Glauben

6.11 Haftung

Die Regelungen zur Haftungsbegrenzung sind sicherlich eine der umstrittensten Klauseln in juristisch geprägten Vertragsverhandlungen. Neben den vorvertraglichen Nebenpflichten kennt die Rechtsprechung auch eine Reihe vertraglicher Nebenpflichten, deren fahrlässige Nichteinhaltung seitens des Lieferanten eine Haftung aus § 280 Abs. 1 BGB auslöst.[18] Dabei verjähren die Ansprüche aus § 280 Abs. 1 BGB in der allgemeinen Frist des § 199 BGB. Allerdings gilt eine kürzere (zweijährige) Verjährungsfrist gem. § 438 BGB analog, wenn die Schäden in unmittelbarem Zusammenhang mit Sachmängeln stehen.[19] Gem. § 249 S. 1 BGB hat der Schuldner, der zum Schadensersatz verpflichtet ist, den Zustand herzustellen, der bestehen würde, wenn der zum Ersatz verpflichtende Umstand nicht eingetreten wäre. Dabei soll der Schädiger allen Schaden ersetzen, der durch das zum Ersatz verpflichtende Ergebnis eingetreten ist (sog. *Totalreparation*).[20] Außer der Regel der Totalreparation wird in § 249 S. 1 BGB noch ein weiterer Grundsatz des Schadensrechts ausgedrückt, nämlich das Prinzip der Herstellung oder des Naturalersatzes. Hierbei soll der Schädiger den Zustand in Geld herstellen, der ohne das Schadensereignis bestünde.

6.11.1 Verschuldensarten

Die §§ 276–278 BGB bestimmen, was alles der Schuldner zu vertreten hat. Darunter fällt nicht nur eigenes Verschulden, sondern auch Verschulden seiner Hilfsperson sowie Beschaffungshindernisse, wenn der Schuldner ein Beschaffungsrisiko übernommen hat, und erst recht seine Zahlungsunfähigkeit. Ein Verschulden des Schuldners ist grundsätzlich nicht Anspruchsvoraussetzung, sondern wird lediglich vermutet.[21] Der Schuldner muss die Vermutung widerlegen und nach §§ 280 Abs. 1 S. 2, 286 Abs. 4 BGB beweisen, dass er die Pflichtverletzung nicht zu vertreten hat.[22] Gem. § 276 Abs. 1 BGB haftet der Schuldner für eigenes Verschulden, sprich er haftet für die beiden Schuldformen des Zivilrechts: Vorsatz und Fahrlässigkeit. Das BGB stellt sie gleichrangig nebeneinander, denn Fahrlässigkeit genügt. Der Vorsatz schlägt erst bei der Schadensabwägung nach § 254 BGB durch.[23] Schuldhaft muss der Schuldner nur die vertragliche oder gesetzliche Verpflichtung verletzen, nicht auch den Schaden verursachen. Neben der Haftung für eigenes Verschulden haften die Vertragsparteien gem. § 278 BGB darüber hinaus im gleichen Umfang für ein Verschulden ihres Erfüllungsgehilfen. Erfüllungsgehilfen sind die Personen, die die Vertragsparteien zur Erfüllung ihrer vertraglichen Pflicht einsetzen.[24]

6.11.2 Vorsatz

Das Gesetz enthält für den Vorsatz keine Legaldefintion, er ist aber mit allgemeiner Auffassung als (intellektuelles Element) und Wollen (voluntatives Element) der nach den objektiven gesetzlichen Tatbeständen maßgeblichen Umständen zu verstehen.[25] Der Schuldner handelt vorsätzlich, wenn er bewusst und gewollt die Leistung unmöglich macht, verzögert oder schlecht erfüllt.[26] Beim Vorsatz wird grundsätzlich zwischen der Absicht, den direkten und den bedingten Vorsatz unterschieden. Hierbei spielen für den Vorsatz als zivilrechtliche Haftungsvoraussetzung die hauptsächlich im Strafrecht erarbeiteten Unterscheidungen keine Rolle.[27] Im Zivilrecht genügt die letztgenannte, schwächste Form.[28] Im Zivilrecht gehört zum Vorsatz auch das Bewusstsein der Rechtswidrigkeit, sodass jeder Verbotsirrtum den Vorsatz ausschließt.[29] Einem Verbotsirrtum erliegt der Schuldner dann, wenn er sein vertragswidriges Verhalten irrig für vertragsgemäß hält.[30] Aber nur der unmittelbare Verbotsirrtum entlastet den Schuldner auch vom Vorwurf der Fahrlässigkeit.[31] Die Beweislast trägt der Schuldner.[32] Der Verbotsirrtum ist jedoch meistens vermeidbar und somit fahrlässig.[33] Die einschlägigen Rechtsvorschriften und Vertragsregeln muss der Schuldner kennen.[34] Nicht einmal der falsche Rat eines Rechtsanwalts entschuldigt stets.[35]

Z. T. wird aus der angloamerikanischen Vertragspraxis heraus versucht, die Haftung für Vorsatz auch der Höhe nach zu begrenzen. Nach § 276 Abs. 3 BGB kann aber die Haftung wegen Vorsatzes dem Schuldner nicht im Voraus erlassen werden. Diese Regelung kann für Vorsatz weder abbedungen bzw. summenmäßig begrenzt werden.[36]

6.11.3 Fahrlässigkeit

Gem. § 276 Abs. 2 BGB handelt derjenige fahrlässig, der die im Verkehr erforderliche Sorgfalt außer Acht lässt. Dabei bedeutet Fahrlässigkeit die „Vermeidbarkeit des rechtswidrigen Erfolgs, hier: der Leistungsstörung durch Verletzung einer schuldrechtlichen Pflicht. Grundsätzlich unterscheidet man zwischen der bewussten und der unbewussten Fahrlässigkeit. Bewusst fahrlässig handelt er Schuldner, der den rechtswidrigen Erfolg voraussieht, aus Nachlässigkeit aber hofft er den Erfolg zu vermeiden. Sieht er aus Nachlässigkeit nicht einmal die Gefahr, handelt er unbewusst fahrlässig.[37] Bei der Fahrlässigkeit muss man grundsätzlich zwischen den beweisbedürftigen Tatsachen, die den Vorwurf begründen, und dem Vorwurf selbst, der eine rechtliche Wertung ist, unterscheiden.[38]

Beim Grad der Fahrlässigkeit wird in Haftungsklauseln häufig differenziert zwischen grober und leichter Fahrlässigkeit. Grundsätzlich haftet der Schuldner gesetzlich für beide Formen der Fahrlässigkeit; ggf. kann die schwere Form der Fahrlässigkeit zu einem größeren Mitverschulden nach § 254 BGB führen. Gesetzliche Ausnahmen, bei der eine Differenzierung zwischen grobe und leichte Fahrlässigkeit eine Rolle spielt, sind:

- Der Schuldner während des Gläubigerverzugs (§ 300 Abs. 1 BGB),
- Der Schenker (§ 521 BGB)
- Der Verleiher (§ 599 BGB),
- Der Notgeschäftsführer ohne Auftrag (§ 680 BGB)
- und der Finder (§ 968 BGB).
- Nur grobe Fahrlässigkeit verhindert den gutgläubigen Erwerb von beweglichen Sachen, Wechseln und Schecks (§ 932 Abs 2 BGB; Art. 16 Abs. 2 WG; Art. 21 ScheckG).
- Nur grobe Fahrlässigkeit des Versicherungsnehmers befreit den Versicherer (§ 61 VVG).

Noch wichtiger ist die Unterscheidung zwischen grober und leichter Fahrlässigkeit wegen § 309 Nr. 7. Für leichte Fahrlässigkeit kann die Haftung durch AGB regelmäßig abbedungen werden, für grobe Fahrlässigkeit gegenüber Nichtunternehmern nicht (inwieweit § 307 einen formularmäßigen Haftungsausschluss gegenüber Unternehmern beschränkt, ist zweifelhaft).[39] Grundlegend handelt derjenige grob fahrlässig, der die gebotene Sorgfalt ungewöhnlich schwer verletzt und sich über einfachste Bedenken hinwegsetzt, die jedem einleuchten müssen.[40] Hierbei ist neben der objektiven Komponente auch eine subjektive maßgeblich: Es muss gerade dem Täter ein besonders schwerer Vorwurf zu machen sein.[41] Aus diesem Grund kommt es hierbei auch auf das persönliche Leistungsvermögen an, das sonst bei der objektiven Fahrlässigkeit keine Rolle spielt.[42] Hier kann eine vom Bundessozialgericht geprägte Definition Verwendung finden: *Fahrlässigkeit ist danach eine besonders grobe und auch subjektiv schlechthin unentschuldbare Pflichtver-*

letzung, die das gewöhnliche Maß an Fahrlässigkeit erheblich übersteigt.[43] Liegt somit eine fahrlässige Handlung vor, welche aber nicht als grob Fahrlässigkeit bezeichnet werden kann, haftet der Lieferant nur im Rahmen der Haftungsbegrenzung für die leichte Fahrlässigkeit. I. d. R. fallen die Haftungsklausel für leichte Fahrlässigkeit der Höhe nach geringer aus, als für grobe Fahrlässigkeit, da in der groben Fahrlässigkeit eine erhebliche Pflichtverletzung zugrunde liegt.[44]

Eine Abgrenzung zwischen Vorsatz und Fahrlässigkeit ist leicht zu beantworten: Der Vorsatztäter will die Verwirklichung des Tatbestandes, der Fahrlässigkeitstäter will sie nicht.[45] Dies macht die Beweislage für die Praxis aber nicht gerade einfach, es sei denn der Schuldner gibt zu, vorsätzlich gehandelt zu haben.

6.11.4 Beschaffenheitsgarantien

Zum Teil muss der Lieferant verschuldensunabhängig haften. Dies ist in Verträgen meist bei der in den SLAs vereinbarten Vertragsstrafe und Sachmängelansprüchen der Fall. Verschuldensunabhängig bedeutet in diesen Fall, dass der Schuldner (Lieferant) haftet, obwohl der weder vorsätzlich noch fahrlässig gehandelt hat. Das Gesetz kennt verschuldensunabhängige Haftungsansprüche bei „Gefährlichen Einrichtungen" wie KfZ, vgl. § 7 StVG.

Wichtiger dürfte für zivilrechtliche Vertragsverhältnisse aber die Garantiehaftung sein. Bei der Garantiehaftung gem. § 444 BGB hat der Schuldner einen Erfolgseintritt zu garantieren. Dabei kann als eine solche Garantiehaftung rechtsgeschäftlich übernommen werden, dass ein ehemaliges Spin-off des Kunden eine bestimmte Umsatzrendite/Return on Sales (ROS) erwirtschaftet (garantiert). Wird dieser ROS nicht erreicht, muss der Kunde dem Lieferant verschuldensunabhängig den Ausgleich zwischen dem erwirtschaften und garantieren ROS zahlen.

Grundsätzlich sind mit Garantien im Kaufrecht Beschaffenheits- oder Haltbarkeitsgarantien im Sinne von §§ 443, 444 BGB gemeint und im Werkrecht Beschaffenheitsgarantien im Sinne von § 639 BGB, bei denen der Garantiegeber verschuldensunabhängig und ohne Begrenzung der Haftung für seine abgegebene Garantie haftet.[46] Daher versteht der Jurist unter einer Garantie das vertragliche Versprechen, für einen bestimmten Erfolg bedingungslos einzustehen oder ein bestimmtes Schadensrisiko zu übernehmen.[47]

Ob und mit welchem Inhalt eine Garantie abgegeben wurde, ist mangels ausdrücklicher vertraglicher Regelung durch Auslegung gem. §§ 133,157 BGB unter Berücksichtigung des Empfängerhorizonts zu ermitteln.[48] Das Wort „Garantie" muss hierbei nicht verwendet werden. Es können auch Formulierungen wie etwa „voll einstehen" oder „zusichern" genügen.[49] Bereits eine besondere Betonung bestimmter Eigenschaften kann im Einzelfall für eine Garantieübernahme sprechen.[50] Um zu vermeiden, dass bloße Beschaffenheitsangaben später zum Nachteil des Lieferants als Garantiezusagen ausgelegt werden, sollte im Vertrag klar zwischen Beschaffenheitsvereinbarungen und Garantien unterschieden werden.[51] Überdies empfiehlt es sich, individualvertraglich zu vereinbaren, dass Garantien im Rechtssinne nur dann vorliegen, wenn diese ausdrücklich als solche bezeichnet sind.[52]

Übernimmt der Lieferant eine Beschaffenheitsgarantie, so führt dies grundsätzlich zu folgenden haftungsrechtlichen Konsequenzen:

- Verschuldensunabhängige Haftung gem. § 276 Abs. 1 Satz 1 BGB;
- kein Ausschluss der Mängelrechte des Käufers wegen grob fahrlässiger Unkenntnis eines Mangels gem. § 442 Abs. 1 Satz 2 Alt. 2 BGB;
- Unwirksamkeit eines Ausschlusses oder einer Beschränkung der Mängelrechte gem. §§ 444 Alt. 2, 639 Alt. 2 BGB;
- Unwirksamkeit einer Verkürzung der zweijährigen Verjährung gem. §§ 438 Abs. 1 Nr. 3, 634a Abs. 1 Nr. 1 BGB bzw. der regelmäßigen Verjährung gem. §§ 195, 199 BGB, die nach einer Ansicht[53] auf Ansprüche aus einer Garantie gem. § 443 BGB Anwendung finden soll.[54]

6.11.5 Schadenskategorien

Immer wieder wird in Haftungsklauseln zwischen den verschiedenen Schadenskategorien differenziert. Hierbei wird i. d. R. eine Dreiteilung zwischen Personenschäden, Sachschäden und Vermögensschäden vorgenommen.

6.11.6 Personenschäden

I. d. R. sind mit Personenschäden die in § 823 Abs. 1 S. 1 BGB genannten personenbezogenen Schadensarten Leben, Körper die Gesundheit und die Freiheit gemeint. Die Begriffe Körper- oder Gesundheitsverletzung sind weit auszulegen. Darunter sind jegliche Beeinträchtigungen der körperlichen, geistigen oder seelischen Integrität zu verstehen.[55] Das Recht am eigenen Körper ist ein gesetzlich ausgeformter Tatbestand des allg. Persönlichkeitsrechts,[56] welches grundsätzlich nicht durch § 253 Abs. 2 BGB geschützt wird. Dessen Verletzung kann nur in schwerwiegenden anderen Fällen Anspruch auf Schmerzensgeld auslösen.[57] Ein solcher Anspruch lässt sich auch nicht aus § 253 Abs. 2 BGB sondern nur aus § 823 Abs. 1 BGB i. V. m. Art. 1 Abs. 1, 2 Abs. 1 GG herleiten,[58] so bei schweren Ehrverletzungen, z. B. bei unbegründeter oder gar böswilliger Bloßstellung oder Herabsetzung einer Person in der Öffentlichkeit;[59] bei wiederholter und hartnäckiger Verletzung des Rechts am eigenen Bild.[60]

Die Körperverletzung ist dabei jeder unbefugte Eingriff in die körperliche Befindlichkeit.[61] Ein Eingriff ist dabei jeder körperliche, geistige oder seelische Lebensvorgang, auch wenn der Verletzte noch nicht geboren ist.[62] In diesen Fällen ist vielmehr nach § 253 Abs. 2 BGB auch für einen immateriellen Schaden, der kein Vermögensschaden ist, „eine billige Entschädigung in Geld", Schmerzensgeld genannt, zu leisten, unabhängig davon, auf welcher Rechtsgrundlage – Delikt, Gefährdungshaftung oder Vertrag – für die Verletzung der in § 253 Abs. 2 BGB genannten Rechtsgüter gehaftet wird.[63] Bei § 253 Abs. 2 BGB wird anders als bei § 823 Abs. 1 BGB das Leben hier nicht erwähnt. Deshalb ist kein Schmerzensgeld zu zahlen, falls der Tod sofort mit der Verletzung eintritt.[64]

Der § 253 Abs. 2 BGB gewährt auch nicht für jede Kleinigkeit Schmerzensgeld.[65] Eine angemessene „billige" Entschädigung in Geld ist zu zahlen, d. h. bei geringfügigen gesundheitlichen Verletzungen ohne wesentliche Beeinträchtigung – Bagatellschäden – entfällt ein Schmerzensgeldanspruch, wenn ein Ausgleich in Geld unbillig erscheint.[66] Das Ausmaß der erlittenen Schmerzen kann durch das Zeugnis von Familienangehörigen des Verletzten, von behandelnden Ärzten, Krankenunterlagen, verschriebenen Medikamenten und Schmerzmitteln bewiesen werden.[67]

Die Haftung für Personenschäden hat keine große Bewandtnis für Projekte, da Leistungen i. d. R. keine personengefährdenden Schädigungen nach sich ziehen. Die Herstellungskosten bei der Verletzung einer Person bestehen vor allem in den Kosten der Heilbehandlung,[68] welche im Verhältnis zu Vermögensschäden auch gering ausfallen dürften. Auch macht i. d. Praxis eine vertragliche Haftungsbegrenzung bei Personenschäden wenig Sinn. Zum einem werden die Ansprüche aus Personenschäden nicht vom Kunden gestellt, sondern von dessen Mitarbeitern. Um eine wirksame Haftungsbeschränkung für Personenschäden zu haben, müsste der Lieferant mit jedem Mitarbeiter des Kunden individualvertraglich eine Haftungsbeschränkung vereinbaren, was praktisch nicht durchführbar ist.

Der Personenschaden i. S. d. des Versicherungsrechts nach § 1 Ziffer 1 AHB lehnt sich an den in § 823 Abs. 1 BGB geschützten Begriffen „Leben, Körper, die Gesundheit" an. Das Recht auf Freiheit und das allgemeine Persönlichkeitsrecht werden von dem Begriff des Personenschadens nicht erfasst.[69] Eine Gesundheitsschädigung umfasst dabei eine physische und auch eine psychische Beeinträchtigung.[70]

6.11.7 Sachschäden

Von größerer Bedeutung für ein Projekt sind die sog. Sachschäden. Grundsätzlich wird bei Sachschäden zwischen der Zerstörung und der Beschädigung der Sache unterschieden. Dies folgt aus § 249 S. 2 BGB, denn dort wird ein Anspruch auf Ersatz der Herstellungskosten nur für den Fall der Beschädigung gewährt.[71] Der Unterschied zwischen Zerstörung und Beschädigung beruht auf dem (nur bei Beschädigung gegebenen) Vorhandensein einer reparaturfähigen Sache. Eine reparaturfähige Sache liegt aber dann nicht vor,

- wenn der Schaden so schwer ist, dass eine Reparatur technisch unmöglich ist (technischer Totalschaden)
- wenn eine technisch mögliche Reparatur unverhältnismäßig teuer ist, dass der Schädiger sie nach § 251 Abs. 2 S. 1 ablehnt und den Geschädigten in Geld entschädigt (wirtschaftlichen Totalschaden)[72]
- wenn eine Reparatur zwar technisch möglich und auch wirtschaftlich tragbar, aber dem Geschädigten unzumutbar sein. Dies ist z. B. dann der Fall, wenn ein neuer oder fast neuer Wagen[73] so erheblich beschädigt worden ist, dass er nach der Reparatur als Unfallwegen gelten müsste (uneigentlicher Totalschaden).[74]

Soweit die Herstellung nicht möglich oder zur Entschädigung des Gläubigers nicht genügend ist, hat der Ersatzpflichtige den Gläubiger gem. § 251 Abs. 1 BGB in Geld zu entschädigen (sog. Wertinteresse). Das Wertinteresse besteht regelmäßig aus dem sog. Zeitwert. Der Zeitwert ist der Betrag, den der Geschädigte durch den Verkauf der Sache unmittelbar vor der Schädigung hätte erzielen können.[75] Ist eine Sache nur beschädigt, kann der Geschädigt nach § 249 S. 2 BGB den für die Reparatur erforderlichen Geldbetrag verlangen. Dabei kommt es nach der h.M. nicht darauf an, ob der Geschädigte den Betrag wirklich für die Reparatur verwendet[76] oder nicht.[77] Nach dem Sachversicherungsrecht[78] stellt jede Beeinträchtigung der Substanz, die den Wert oder die Brauchbarkeit einer Sache durch physikalische oder chemische Einwirkung mindert, einen Schaden dar.[79] Gem. § 90 BGB sind Sachen alle körperlichen Gegenstände.

6.11.8 Vermögensschäden

Eine Differenzierung zwischen Sachschaden und Vermögensschaden fällt nicht immer leicht. Zur Abgrenzung beider Schadenskategorien sind verschiedene Theorien entwickelt worden.[80] Große Bedeutung hat die *„Lehre vom Interesse,"*[81] welche die wesentliche Basis für die Schadensberechnung darstellt.[82] Ein Vermögenschaden ist danach die „Differenz zwischen dem Betrage des Vermögens einer Person, wie derselbe in einem gegebenen Zeitpunkt ist, und dem Betrage, welchen dieses

Vermögen ohne die Dazwischenkunft eines schädigenden Ereignisses haben würde." Zu vergleichen ist die tatsächliche Vermögenssituation des Ersatzberechtigten nach dem schädigenden Ereignis mit der – hypothetischen – Situation, die bestehen würde, wenn es zur Rechtsgutsverletzung nicht gekommen wäre (sog. *Differenzschaden*).[83] Vermögensschäden spiegeln sich vor allem in der Betriebsunterbrechung, dem Verzug und dem entgangenen Gewinn wider.

Vermögensschäden sind Einbußen am Eigentum und anderen geldwerten Gütern, welche sich in Geld messen lassen und das Vermögen des Geschädigten mindern.[84] Sie sind entweder durch die Herstellung eines schadensfreien Zustandes nach § 249 BGB oder durch Wertersatz auszugleichen.[85] Durch das Schadenereignis ist ein geldwerter Arbeitsaufwand entstanden und eine verhinderte geldwerte Arbeitsleistung.[86] Anders als Körper- und Sachschäden sind reine Vermögensschäden variable Größen, die sich bis zur vollständigen Ersatzleistung oder letzten mündlichen Verhandlung im Schadensersatzprozess noch entwickeln können.[87] Da man den Vermögensschaden danach berechnet, wie sich das Vermögen des Verletzten ohne die Schadenshandlung entwickelt hätte, muss man auch Reserveursachen berücksichtigen.[88] Deshalb ist nach vorzeitiger Vertragsbeendigung durch fristlose Kündigung der Schadensersatz zeitlich begrenzt bis zum vereinbarten Vertragsende oder nächsten Kündigungstermin.[89] Der unliebsame Vertragsabschluss hingegen begründet nur dann einen Vermögensschaden, wenn er wirtschaftlich nachteilig ist.[90]

6.11.9 Unmittelbare/Mittelbare Schäden (Folgeschäden)

Mit den allgemeinen Vorschriften der §§ 280, 281, 283, 311a BGB steht für alle Arten von Schäden eine einheitliche Anspruchsgrundlage zur Verfügung. Der Gläubiger kann unter den Voraussetzungen des § 280 BGB »nahe« also unmittelbare oder entfernte Mangelfolgeschäden (mittelbare Schäden) ersetzt verlangen. Voraussetzung ist allein, dass eine Pflichtverletzung des Unternehmers vorliegt und dass er sie zu vertreten (siehe Verschuldensarten Rn.x) hat. Der Lieferant haftet somit, da er Mangelfreiheit als Teil der Erfüllungspflichten schuldet, für

Mangelschäden in gleicher Weise wie für Mangelfolgeschäden.[91] Deren Verletzung macht ihn bezüglich beider Schadenstypen ersatzpflichtig.[92] Dies bedeutet, dass der Lieferant bereits dann in Schadenersatzhaftung geraten kann, wenn er fahrlässig mangelhafte Produkte liefert, wobei nunmehr auch Mängel des Produktes selbst (Mängelschäden) Haftung begründen (§ 281 i. V. m. § 280 Abs. 1 BGB aus Pflichtverletzung), ebenso Mangelfolgeschäden (unmittelbar aus § 280 I BGB), und zwar auch bei Rücktritt des Kunden.[93] Schadensersatz statt Leistung (bisher: Schadensersatz wegen Nichterfüllung) geht auf das positive Interesse, weshalb der Kunde so zu stellen ist, wie er stünde, wenn der Vertrag ordnungsgemäß erfüllt worden wäre.[94] Haftung für Mangelschäden folgt den §§ 281, 283 BGB[95] und umfasst (begrifflich unverändert) etwa Reparaturkosten,[96] mangelfeststellungsbezogene Gutachterkosten,[97] verbleibenden Minderwert,[98] Nutzungsausfall während der Reparatur und Gewinnentgang[99] sowie Betriebsausfallschaden durch verzögerte Inbetriebnahme.[100] Die Haftung für Mangelfolgeschäden ergibt sich aus § 280 Abs. 1 BGB[101] und umfasst Schäden an anderen Rechtsgütern des Käufers. Hierzu können nunmehr etwa auch Vermögensschäden gehören, die durch ein falsch rechnendes Buchhaltungsprogramm verursacht werden.[102] Wie bereits erläutert, können die Gewährleistungsrechte bei Verträgen unter Kaufleuten grundsätzlich eingeschränkt werden.

Häufig wird in Haftungsklausel zwischen unmittelbaren und mittelbaren Schäden (Folgeschäden) differenziert. So vereinbaren z. B. US-amerikanische Softwarehersteller gerne in Verträgen nach deutschem Recht regelmäßig einen generellen Ausschluss für mittelbare Schäden.[103] Da viele Lieferanten US-amerikanischen Ursprungs sind, werden die sog. incidental/consequential damages[104] (mittelbare Schäden) auch gerne in deutschen Verträgen ausgeschlossen.

Fraglich ist zunächst einmal, ob zwischen unmittelbaren und mittelbaren Schäden differenziert werden kann. Eine Differenzierung zwischen unmittelbaren und mittelbaren Schäden wird man in den zentralen Schadensvorschriften des BGB nicht finden. Der historische Gesetzgeber hat dabei bewusst von der Verwendung dieser Begriffe Abstand genommen, da sich keine allgemein anerkannte Definition herausgebildet hat.[105] Wie bereits oben erläutert, sind alle entstandenen unmittelbaren und mittelbaren Schäden adäquat zu ersetzen.[106] In der Rechtsprechung lassen sich aber Ansätze für die Differenzierung zwischen unmittelbaren und mittelbaren Schäden finden. Die Differenzierung spielte zumindest vor der Schuldrechtsreform in verschiedenen Rechtsgebieten eine Rolle (z. B. Kaufrecht, Werkvertrag inkl. VOB/B Werkvertragsrecht, Versicherungsrecht und Transportrecht). Die höchstrichterliche Rechtsprechung hat die Begriffe des unmittelbaren und des mittelbaren Schadens in der Vergangenheit sehr unterschiedlich verstanden.[107] In einer Vielzahl von Entscheidungen wird danach differenziert, ob der Schaden „unmittelbar" am Vertragsgegenstand oder an anderen Rechtsgütern des Geschädigten eingetreten ist.[108] Nach der Rechtsprechung kommt es i. R. dabei nicht darauf an, ob das schädigende Ereignis den am Vertragsgegenstand eingetretenen Schaden unmittelbar und nur mittelbar verursacht hat. Nach der Rechtsprechung ist ein unmittelbarer Schaden ausschließlich derjenige, der – im Fall der vertraglichen Haftung – dem Vertragsgegenstand selbst anhaftet oder – im Fall der deliktischen Haftung – an einem geschützten Rechtsgut eintritt.[109] Einbußen am sonstigen Vermögen werden als mittelbare Schäden verstanden.[110]

Die Unterscheidung zwischen unmittelbaren und mittelbaren Schäden findet sich insoweit in der Differenzierung zwischen Mangelschäden und Mangelfolgeschäden[111] wieder, wobei im Werkvertragsrecht zudem noch innerhalb der Mangelfolgeschäden zwischen unmittelbaren und entfernteren Mangelfolgeschäden unterschieden wurde. Die Rechtsprechung zählte zu den Mangelschäden alle Schäden, die dem Vertragsgegenstand „unmittelbar" anhaften, weil er infolge des Mangels unbrauchbar, wertlos oder minderwertig ist.[112] Darüber hinaus wurden auch die Kosten für die Mangelfeststellung[113] sowie der entgangene Gewinn dem Mangelschaden zugerechnet,[114] auch der entgangene Gewinn wird von der Rechtsprechung und Literatur ansonsten regelmäßig als bloß „mittelbarer Schaden" eingestuft. Unter unmittelbaren Mangelfolgeschäden verstand die Rechtsprechung alle Schäden, die mit dem Mangel zeitlich und räumlich „eng und unmittelbar" zusammenhängen und nicht zur Gruppe der Mangelschäden gehören.[115]

Nach der Auffassung des BGH aus seiner Entscheidung aus dem Jahre 1994 sind unter dem Begriff des unmittelbaren Schadens alle

Schäden zu verstehen, die „bei dem gewöhnlichen Verlauf der Dinge als naheliegend zu erwarten sind."[116] Dieses Verständnis des Begriffs des unmittelbaren Schadens folgt für den BGH aus dem Grundsatz der „nach beiden Seiten interessengerechten Auslegung"[117] und soll seine Rechtfertigung in der berechtigten Erwartung des Vertragspartners finden, dass die vertragswesentlichen Pflichten der Vertragspartner nicht durch die Haftungsregelung faktisch ausgehöhlt würden. Als demgegenüber nachrangig wertet der BGH das Interesse des Vertragspartners, das für ihn kaum kalkulierbare Schadenspotenzial zu begrenzen.[118] Die mögliche und gegebenenfalls nicht sicher bestimmbare Höhe eines Schadens, so der BGH, sei kein maßgebliches Kriterium dafür, ob es sich um einen unmittelbaren oder einen mittelbaren Schaden handelt.[119]

6.11.10   Höhere Gewalt

Grundsätzlich hat der Schuldner gem. § 276 Abs. 1 S. 1 Vorsatz und Fahrlässigkeit zu vertreten. Wie bereits besprochen kann in Einzelfällen auch eine verschuldensunabhängige Haftung dazu kommen, wenn diese sich aus dem Gesetz ergibt oder besonders vertraglich vereinbart (Garantievertrag) wird.[120] Ist der Schuldner für keine solche verschuldensunabhängige Haftung verantwortlich, haftet er nicht, sofern er nicht Vorsatz oder Fahrlässigkeit zu vertreten hat, vgl. § 276 BGB.[121] Dies dürfte in Fällen der höheren Gewalt regelmäßig nicht der Fall sein. Zur Gruppe der höheren Gewalt zählen i. d. R. *„Krieg, Naturkatastrophen, Terroranschläge, Demonstrationen und Streik."* Wobei die Gruppe der Streiks immer im Einzelfall betrachtet werden muss, ob hier nicht vorsätzlich oder fahrlässig ein Streik provoziert worden ist. Z. T. finden sich in einigen Verträgen immer wieder Haftungsregelungen, die ausdrücklich die Haftung für höhere Gewalt ausschließen. Dies begründet sich häufig aus der angloamerikanischen Vertragspraxis, da hier die Haftung ggf. für die höhere Gewalt explizit ausgeschlossen werden muss, ansonsten der Schuldner für die höhere Gewalt haftet. Die Beweislast für eine höhere Gewalt als Schadensursache trägt, analog zum Halter eines Kfz, der Lieferant.[122]

6.11.11 Entgangener Gewinn

Die Haftung für entgangenen Gewinn ist explizit im § 252 BGB geregelt. Dabei umfasst gem. § 252 S. 1 BGB der zu ersetzende Schaden auch den entgangenen Gewinn. Hierbei gilt nach § 252 S. 2 BGB der Gewinn als entgangen, welcher nach dem gewöhnlichen Lauf der Dinge oder nach den besonderen Umständen, insbesondere nach den getroffenen Anstalten und Vorkehrungen, mit Wahrscheinlichkeit erwartet werden konnte. Hierbei berechnet abstrakt und ohne Rücksicht auf den Einzelfall § 288 BGB und § 376 Abs. 2 HGB den entgangenen Gewinn als Mindestschaden.[123] Darüber hinaus darf nur der Kaufmann seinen Gewinnausfall abstrakt berechnen und nur für die Geschäfte seines Handelsgewerbes.[124] In diesem Fall meint abstrakt: der Kaufmann berechnet einfach seine übliche Gewinnspanne. Im Handelsverkehr nimmt man an, dass der Käufer die Ware mit Gewinn weiterverkauft,[125] der Verkäufer die Ware auch anderweitig mit Gewinn abgesetzt hätte.[126] Weder muss der Geschädigte beweisen, dass er einen Abnehmer hatte,[127] noch darf der Schädiger einwenden, der Schaden sei durch ein Deckungsgeschäft aufgefangen.[128] Die geschädigte Bank darf ihren Gewinnausfall abstrakt nach den Bruttosollzinsen berechnen, die sie aus ihren Aktivgeschäften üblicherweise erzielt.[129]

I. d. R. stellt die Haftung für entgangenen Gewinn ein erhebliches Risiko für den Lieferant da, welches weder durch ein Risiko-Management noch durch einen entsprechenden Versicherungsschutz absicherbar ist. Inwieweit ein Vorstand eines Lieferanten überhaupt eine Haftungsregelung für entgangenen Gewinn unterschreiben darf, ist sehr bedenklich, da darin ggf. ein Verstoß gegen § 93 AktG zu sehen ist.

6.11.12 Sachmängelhaftung

Die Haftung für Sachmängel ist im Kaufrecht in §§ 434 ff. BGB und im Werkrecht in §§ 633 ff. BGB geregelt.

6.11.13   Haftungsbegrenzung

Vertragliche Haftungsbeschränkungen (Freizeichnungen) sind in der deutschen Industrie üblich, grundsätzlich zulässig und zwar auch für Ansprüche aus unerlaubter Handlung.[130] Dabei enthalten vor allem US-amerikanisch geprägte Verträge einen umfangreichen Katalog von Haftungsfreistellungen.[131] Durch die vor Schadenseintritt getroffene Vereinbarung wird das Entstehen der Schadensersatzforderung von Beginn des Schuldverhältnisses gehindert oder der Anspruch in der Entstehung begrenzt.[132] Die Haftungsbegrenzung bzw. Freizeichnung unterliegt erheblichen gesetzlichen Schranken, insbesondere im Rahmen der allgemeinen Geschäftsbedingungen nach §§ 305 ff. BGB.[133] Bei der Betrachtung von Haftungsbeschränkungen (Freizeichnungen) ist grundsätzlich zwischen Individualverträgen und Formularverträgen (AGB) zu differenzieren.

6.11.14   In Individualverträgen

Dass eine schuldrechtliche Norm gegenüber Individualvereinbarungen zwingend ist, stellt eine Ausnahme dar und bedarf daher besonderer Gründe. Hierfür bestehen nur zwei Möglichkeiten.[134]

- Das Gesetz kann den zwingenden Charakter ausdrücklich bestimmen.[135] Das BGB tut das im Schuldrecht teils bei einzelnen Nornen (z. B. in §§ 248 Abs. 1, 276 Abs. 3, 536 Abs. 4, 574 Abs. 4), teils auch für ganze Gruppen von Normen (z. B. in §§ 312 f., 475, 506, 651 m BGB).
- Ergibt sich aus dem Gesetz nicht ausdrücklich ein zwingender Charakter, so kann es durchaus sein, dass sich ein solcher aus dem Normzweck ergibt. Hierbei kann der Abdingbarkeit einer Norm insbesondere ihr Schutzzweck entgegenstehen (vgl. §§ 311b Abs. 1, 518, 766 BGB). Wegen eines Schutzzwecks können Schuldrechtsnormen auch aus anderen Gründen zwingend sein. Das gilt etwa für § 275 Abs. 1 BGB, der „den Erfüllungsanspruch auf eine unmögliche Leistung ausschließt."[136]

Gem. § 276 Abs. 1 BGB haften der Lieferant wie der Kunde einander für Vorsatz und Fahrlässigkeit unbegrenzt. Die Haftung für Vorsatz kann gem. § 276 Abs. 3 BGB nicht vertraglich ausgeschlossen werden (zwingendes Recht)![137] Der Umkehrschluss aus § 276 Abs. 3 BGB lässt zu, dass die Haftung für Fahrlässigkeit grundsätzlich beschränkt werden kann. Dies gilt nach Maßgabe des § 309 Nr. 7 BGB nicht für Allgemeine Geschäftsbedingungen i. S. v. § 305 Abs. 1 BGB. Da nach § 305b die Individualabrede grundsätzlich Vorrang vor den Allgemeine Geschäftsbedingungen hat, greift zunächst immer erst eine individuell vereinbarte Haftungsbegrenzung für Fahrlässigkeit.

Bei der Formulierung sind verschiedene Vorgehensweisen möglich. Zu einem kann die Haftung grundsätzlich für die Schadenskategorien **(Personen-, Sach- und Vermögensschäden)** begrenzt werden. Zu anderen kann die Haftung auch für Verschuldensart (leicht oder grobe Fahrlässigkeit; Vorsatz ist ja nicht möglich) begrenzt werden. Hierbei sind in Haftungsklausel z. T. absolute Beträge zu finden, aber auch Prozentsätze, die sich auf den Auftragwert beziehen. Wobei die Haftung für Personenschäden nach § 104 ff. SGB VII gesetzlich ausgeschlossen ist, wenn für einen Personenschaden eine Unfallversicherung besteht. Beim Regress gegen den Schadensverursacher (vgl. § 110 SGB VII) trägt der Sozialversicherungsträger die Beweislast für die Höhe des fiktiven zivilrechtlichen Erstattungsanspruchs.[138]

Bei den **Vermögensschäden** können auch bestimmte Bereiche der Vermögensschäden (z. B. Betriebunterbrechung und entgangener Gewinn) ausgeschlossen werden.[139] Die ausgeschlossen Bereiche der Vermögensschäden sollten auch explizit in der Klausel ausgenommen werden. Häufig wird ferner in Haftungsklausel zwischen unmittelbare und Mittelbare Schäden (Folgeschäden) differenziert. So vereinbaren z. B. US-amerikanische Softwarehersteller gerne in Verträgen nach deutschem Recht regelmäßig einen generellen Ausschluss für mittelbare Schäden.[140] Da viele Lieferant US-amerikanische Ursprungs sind (IBM, HP, usw.), werden die sog. incidental/consequential damages[141] (mittelbare Schäden) auch gerne in deutschen Verträgen ausgeschlossen.

Die Haftungsbegrenzung für gesetzliche Ansprüche steht dabei immer unter dem Vorbehalt des § 14 Produkthaftungsgesetz, der einen Haftungsausschluss für Ansprüche aus dem Produkthaftungsgesetz ausschließt. Für eine Haftung nach dem Produkthaftungsgesetz ist allerdings ein Verschulden des Haftenden ohnehin nicht erforderlich, da es sich um einen reinen Gefährdungshaftungstatbestand handelt.[142]

Eine Begrenzung der Haftungssumme von **Personenschäden** (Verletzung des Lebens, des Körpers oder der Gesundheit) selbst für leichte Fahrlässigkeit ist nicht möglich.[143] Im Bereich der verschuldensabhängigen Haftung ist ausschließlich die Sittenwidrigkeitsprüfung gem. § 138 Abs. 1 BGB Maßstab für die Zulässigkeit von Haftungsbegrenzungen für fahrlässige Handlungsweisen.[144] Eine Sittenwidrigkeit könnte sich z. B. unter dem Gesichtspunkt der eklatanten Risikoverschiebung zu Lasten des Kunden ergeben, die im Ergebnis zu einer nicht tolerierbaren Äquivalenzstörung von Leistung und Gegenleistung führen würde.[145] Nach diesem Maßstab kann eine Sittenwidrigkeit jedoch mindestens dann ausgeschlossen werden, wenn die Haftung nicht vollständig ausgeschlossen, sondern nur beschränkt wird.[146] Die Höhe der Haftungsbeschränkung ist dabei an den möglichen Schäden zu orientieren, mit deren Eintritt die Vertragsparteien bei verständiger Würdigung im Zeitpunkt des Vertragsabschlusses rechnen können. Ein Anhaltspunkt hierfür kann immer das Vertragsvolumen sein, da wesentliche Schadenersatzansprüche[147] auf das positive Interesse, d. h. das Erfüllungsinteresse des Kunden, gerichtet sind.[148] Dieses wird in der Regel mit dem Vertragswert anzunehmen sein. Ein weiterer Baustein für die Umgehung der Sittenwidrigkeit ist die Vereinbarung, dass bei versicherten Risiken über die summenmäßige Haftungsbeschränkung hinaus auf die Versicherungsleistungen gehaftet wird. Damit werden beide Parteien in den Schutzbereich der Versicherungen der jeweils anderen Vertragsseite einbezogen.[149]

Der Kunde und der Lieferant können nach § 444 BGB die **Sachmängelhaftung**[150] in einem Individualvertrag beliebig beschränken oder auch völlig ausschließen.[151] Unabdingbar ist nur die Haftung des Verkäufers für Arglist oder dort wo eine Garantie ausdrücklich übernommen wird. Der klar formulierte vollständige Haftungsausschluss erfasst alle, auch die schwersten und verborgensten Sachmängel.[152] Der Verkäufer kann auch eine bestimmte Eigenschaft garantieren und im Übrigen die Haftung ausschließen.[153] Vergleichbares gilt gem. § 639 S. 1 BGB auch für das Werkrecht. Um das Risiko aus der Sicht

des Lieferanten sinnvoll zu begrenzen, sollte die Haftung für Sachmängelansprüche ggf. begrenzt werden. Da der Lieferant verschuldensunabhängig für Sachmängel haftet, braucht hierbei auch nicht auf die Verschuldensart (leichte/grobe Fahrlässigkeit oder Vorsatz) abgestellt werden.

Grundsätzlich ist es möglich, die Haftung für den Verzug zu beschränken.[154] Dies kann vor allem auch als ein pauschalierter Schadenersatz erfolgen.[155] Die Haftungsgrenzen für einen pauschalierten Schadenersatz in Individualverträgen gilt im Rahmen der oben beschriebenen Haftungsbegrenzung und sind natürlich nicht so eng wie die
Haftungsgrenzen in AGB, da auch für den pauschalierten Schadenersatz ausschließlich die Sittenwidrigkeitsprüfung gem. § 138 Abs. 1 BGB
Maßstab für die Zulässigkeit von Haftungsbegrenzungen für fahrlässige
Handlungsweisen ist.[156] Wobei dem Schuldner auch in Individualverträgen die Möglichkeit zugestanden wird, durch einen Nachweis darzulegen, dass der Schaden geringer war, als die Pauschale.[157]

6.11.15 Haftungsbegrenzung bei Formularverträgen

Wenn Verträge ausgehandelt werden, liegen keine AGB vor. Denn
§ 305 Abs. 1 S. 2 BGB liegen Allgemeine Geschäftsbedingungen nicht
vor, soweit die Vertragsbedingungen zwischen den Vertragsparteien im
Einzelnen ausgehandelt sind. Ein individuelles Aushandeln im Sinne
von § 305 Abs. 1 S. 2 BGB liegt auch vor, wenn der Kunde zumindest
die tatsächliche (nicht notwendig ausgeschöpfte) Möglichkeit hatte, auf
die zur Disposition gestellten Vertragsbedingungen inhaltlich Einfluss
zu nehmen.[158] An dieser Stelle ist die nicht Verhandlung manchmal die
bessere Alternative, da das Gesetz i. S. v. §§ 305 ff. den größeren Schutz
bietet.

Die Möglichkeit der Begrenzung der **Haftung** (Freizeichnung) in
AGB ist nur im geringen Umfang möglich. Der Ausschluss der Haftung bei grober Fahrlässigkeit kann nach § 309 Nr. 7 BGB in Allgemeinen Geschäftsbedingungen nicht wirksam vereinbart werden. Dies
gilt (auch wenn sich dies nicht aus dem Gesetzeswortlaut ergibt) auch
im Geschäftsverkehr zwischen Unternehmen, da § 309 Nr. 7 BGB nach

der Rechtsprechung BGH (damals § 11 Nr. 7 AGBG) auch auf den Geschäftsverkehr ausstrahlt.[159] Der Ausschluss der Haftung für leichte Fahrlässigkeit aufgrund feststehender Rechtsprechung und der Regelung in § 307 Abs. 2 Nr. 2 BGB ist nur insoweit möglich, soweit keine wesentlichen Vertragspflichten verletzt werden.[160] Ferner kann sich der Verwender von der Haftung für nur leicht fahrlässiges Handeln seiner Organe, leitenden Angestellten oder sonstiger Erfüllungsgehilfen nicht freizeichnen, und wenn es um die Verletzung von Kardinalpflichten geht.[161] Die Haftung, kann i. d. R. dort begrenzt werden, wo das Interesse des Verwenders, das Risiko überraschender oder ungewöhnlicher Schadensfälle übernehmen zu müssen, nicht besteht. Eine Haftungsbegrenzung kann im unternehmerischen Verkehr (ausgenommen grobes Verschulden des Verwenders oder eines leitenden Angestellten) zulässig sein, wenn die festgelegte Haftungshöchstsumme die vertragstypischen und vorhersehbaren Schäden abdeckt.[162] Eine Höhenbegrenzung ist dagegen unwirksam, wenn der Höchstbetrag die vertragstypischen, vorhersehbaren Schäden nicht abdeckt.[163] Haftungsbeschränkungen in AGB für Sach- und Vermögensschäden sind auch nur in der oben beschriebenen Form möglich. Haftungsbeschränkungen, die Personenschäden (Verletzung von Leben, Körper und Gesundheit) begrenzen wollen, sind gem. § 309 Abs. 2 Nr. 7a BGB generell unwirksam. Sind in AGB Haftungsbeschränkungen enthalten, die gegen das AGB-Recht verstoßen, so sind diese unwirksam. An ihre Stelle treten gem. § 306 Abs. 2 BGB die gesetzlichen Regelungen, die grundsätzliche keine Haftungsbeschränkungen kennen.

Nach § 309 Nr. 8b BGB ist eine Bestimmung, durch die bei AGB-Verträgen über Lieferungen neu hergestellter Sachen und über Werkleistungen die Ansprüche gegen den Verwender wegen eines Mangels insgesamt oder bezüglich einzelner Teile ausgeschlossen. Dies zielt insbesondere darauf ab, den Kunden vor einer Aushöhlung seiner ihm Kraft Gesetzes zustehenden **Mängelrechte** zu schützen und sicherzustellen, dass das Äquivalenzverhältnis von Leistungen und Gegenleistung auch bei mangelhafter Leistung des Verwenders durchgesetzt werden kann.[164] Diesem Grundanliegen muss grundsätzlich auch die Vertragsgestaltung im unternehmerischen Geschäftsverkehr Rechnung tragen.[165] Unwirksam sind gem. § 309 Nr 8b Doppelbuchst. aa BGB auch im unternehmerischen Verkehr der vollständige Ausschluss der Rechte aus § 437 und § 634 BGB sowie eine ersetzende Verweisung des Vertragspartners auf einen Dritten.[166] Ferner sind gem. § 309 Nr 8b Doppelbuchst. bb BGB auch Beschränkungen der Mängelrechte auf den Nacherfüllungsanspruch, welches auch für den unternehmerischen Verkehr gilt, nicht zulässig.[167] Auch können gem. § 309 Nr 8b Doppelbuchst. cc BGB die Aufwendungen für die Nacherfüllung auch dann nicht auf die andere Vertragspartei abgewälzt werden, wenn es sich bei dem Dritten um einen unternehmerischen Kunden handelt.[168] Darüber hinaus gilt im unternehmerischen Geschäftsverkehr gem. § 309 Nr 8b Doppelbuchst. dd BGB das Verbot der Vorenthaltung der Nacherfüllung.[169] Dagegen ist gem. § 309 Nr 8b Doppelbuchst. ee BGB das Klauselverbot für Ausschlussfristen nicht auf den unternehmerischen Verkehr übertragbar.[170] Gem. § 309 Nr 8b Doppelbuchst. ff BGB ist die Verjährung von Ansprüchen gegen den Verwender wegen eines Mangels in den Fällen des § 438 Abs. 1 Nr. 2 und des § 634a Abs. 1 Nr. 2 erleichtert oder in den sonstigen Fällen eine weniger als ein Jahr betragende Verjährungsfrist, ab dem gesetzlichen Verjährungsbeginn erreicht wird, nicht zulässig. Dies gilt nicht für Verträge, in die Teil B der Verdingungsordnung für Bauleistungen insgesamt einbezogen ist.

Die Möglichkeit eines **pauschalierten Schadensersatzes** vertraglich zu vereinbaren, wird gerne im Bereich der Verzugsschäden gewählt.[171] Muss der Kunde normalerweise darlegen, dass beim **Verzug** durch eine zu spät erbrachte Leistung ein Schaden entstanden ist, muss er darüber hinaus auch noch darlegen, in welcher Höhe ihm dieser Schaden tatsächlich entstanden ist. Bei einer pauschlierten Schadenersatzregelung für einen Verzug muss er dagegen lediglich darlegen, dass eine Leistung zu spät erbracht worden ist. Die Darlegungspflicht für die tatsächliche Höhe des Schadensersatzes entfällt, an diese Stelle tritt die im Vertrag zuvor vereinbarte Pauschale. Wobei dem Schädiger die Möglichkeit zugestanden wird, durch einen Nachweis darzulegen, dass der Schaden geringer war, als die Pauschale.[172]

Die Grenzen vorformulierter Schadensersatzpauschalen ergeben sich in erster Linie aus § 309 Nr. 5 BGB, außerhalb der tatbestandlichen Grenzen aber auch aus § 307 BGB.[173] Nach § 309 Nr. 5 BGB sind Vereinbarungen eines pauschalierten Anspruchs des Verwenders auf Schadensersatz oder Ersatz einer Wertminderung, wenn a) die Pauschale den in den geregelten Fällen nach dem gewöhnlichen Lauf der Dinge zu erwartenden Schaden oder die gewöhnlich eintretende Wertminderung übersteigt oder b) dem anderen Vertragsteil nicht ausdrücklich der Nachweis gestattet wird, ein Schaden oder eine Wertminderung sei überhaupt nicht entstanden oder wesentlich niedriger als die Pauschale. Der Maßstab für § 309 Nr. 5 a) BGB ist in § 252 Satz 2 BGB nachgebildet.[174] Maßgebende Vergleichsgröße ist der branchentypische Durchschnittsschaden[175] bzw. die im Durchschnitt der Fälle eintretende Wertminderung. Bei § 309 Nr. 5 b) BGB ist eine Schadenspauschalierungsabrede nur wirksam, wenn sie umgekehrt den Nachweis eines geringeren Schadens ausdrücklich zulässt.[176]

Schwierigkeiten bereitet oftmals die Abgrenzung der Schadensersatzpauschalen von den Vertragsstrafen.[177] Während in § 309 Nr. 5 BGB die formularmäßigen Grenzen für den pauschalierten Schadenersatz enthalten sind, sind in § 309 Nr. 6 BGB die Wirksamkeitsschranken für die **Vertragsstrafe**[178] enthalten. Bei den Wirksamkeitsschranken des § 309 Nr. 6 BGB ist auf die Art des Anspruchs, der aus dem das Zahlungsbegehren hergeleitet wird, abzustellen. Es gilt, im Wege der Auslegung den mit der Vereinbarung verfolgten Zweck zu ermitteln. Soll sie in erster Linie die Erfüllung des Hauptanspruchs sichern und auf den Vertragsgegner einen möglichst wirkungsvollen Druck ausüben,[179] so liegt der Sache nach eine Vertragsstrafenvereinbarung vor. Um eine Schadenspauschalabrede handelt es sich dagegen, wenn sie der vereinfachenden Durchsetzung eines als bestehend vorausgesetzten Vertragsanspruchs dienen soll. Im Klauseltext enthaltene Formulierungen wie *„Entschädigung"* oder *„Schadensersatz"* deuten zwar auf eine schadensersatzrechtliche Ausgleichsfunktion hin. Entscheidend ist letztlich jedoch die Höhe der zu zahlenden Geldsumme. Eine Schadenspauschale setzt begrifflich eine am Schaden orientierte Pauschalierung voraus.[180] Gem. § 309 Nr. 6 BGB ist in Allgemeinen Geschäftsbedingungen eine Bestimmung unwirksam, durch die dem Verwender für den Fall der Nichtabnahme oder verspäteten Abnahme der Leistung, des Zahlungsverzugs oder für den Fall, dass der andere Vertragsteil sich vom Vertrag löst, die Zahlung einer Vertragsstrafe versprochen wird. Die strikten Verbotstatbestände des § 309 Nr. 6 BGB lassen sich nicht auf den unternehmerischen Geschäftsverkehr übertragen.[181] Vertragsstrafen sind in diesem Bereich ein weithin übliches und notwendiges Druckmittel, um die Gegenseite zur ordnungsgemäßen Vertragserfüllung anzuhalten.[182] I. d. R. sind Klausel in AGB auch für unternehmerischen Geschäftsverkehr bei der Vereinbarung einer verschuldensunabhängigen Vertragsstrafe, beim Ausschluss der Anrechnung der Vertragsstrafe auf den Schadensersatz[183] und beim Verzicht auf den Vorbehalt der Vertragsstrafe.[184] Darüber hinaus kann auch die unangemessene Höhe der ausbedungenen Vertragsstrafe Anlass zur Beanstandung geben.[185] Gerade im unternehmerischen Geschäftsverkehr muss jedoch eine fühlbare Sanktion möglich sein.[186] Nach dem BGH ist dabei eine Obergrenze von bis zu 5 % des Auftragswerts nicht zu beanstanden: Der VII. Zivilsenat des Bundesgerichtshofs hatte über die Wirksamkeit einer Vertragsstrafenklausel in Bauverträgen zu entscheiden. Nach dieser vom Auftraggeber gestellten Klausel hatte der Auftragnehmer bei Überschreitung der vertraglich vereinbarten Fertigstellungstermine eine Vertragsstrafe in Höhe von 0,15 % des vereinbarten Pauschalpreises für jeden Werktag der Verspätung zu zahlen, insgesamt höchstens 10 % des Pauschalpreises eines Bauabschnittes. Der Pauschalpreis für das gesamte Bauvorhaben betrug 28,2 Mio. DM. Der Auftraggeber machte die Vertragsstrafe in voller Höhe von 2,82 Mio. DM geltend. Der Bundesgerichtshof hat in Abweichung von früheren Urteilen entschieden, dass die in Allgemeinen Geschäftsbedingungen von Bauverträgen enthaltene Obergrenze der Vertragsstrafe von 10 % der Auftragssumme den Auftragnehmer unangemessen benachteiligt. Nicht zu beanstanden ist dagegen eine Obergrenze von bis zu 5 %. Die Obergrenze von 10 % ist bisher von der Rechtsprechung bei Auftragssummen von bis ca. 13 Mio. DM für unbedenklich gehalten worden. Mit Rücksicht darauf hat der Bundesgerichtshof davon abgesehen, Vertragsstrafenklauseln mit einer Obergrenze von bis zu 10 % bei vergleichbaren oder niedrigeren Auftragssummen schon jetzt generell als unwirksam anzusehen. Vielmehr sind in solchen Verträgen die Vertragsstrafenklauseln erst unwirksam, wenn die Verträge nach dem Bekanntwerden dieser Entscheidung geschlossen werden. Diesen Vertrauensschutz genießt jedoch ein Auftraggeber nicht, der die Obergrenze von 10 % bei einem Auftragsvolumen von mehr als dem Doppelten der 13 Mio. DM in seinen Allgemeinen Geschäftsbedingungen vorsah. In diesem Fall ist die Vertragsstrafenklausel gemäß § 9 Abs. 1 AGBG (jetzt § 307 Abs. 1 BGB) unwirksam.[187]

Abb. 6.13 zeigt einen direkten Vergleich zwischen Vertragsstrafe und pauschaliertem Schadensersatz.

6.11.16   Verletzung von Schutzrechten Dritter

Die Verletzung von Schutzrechten kommt i. d. Praxis meist dann zu tragen, wenn der Lieferant ein Recht (i. d. R. ein Nutzungsrecht) überträgt, an dem er über die entsprechenden Rechte verfügt. Diese Rechte stehen meist einem Dritten zu, deren Schutzrechte der Lieferant mit der Übertragung auf dem Kunden dann ggf. verletzt hat. Gem. § 435 S. 1 BGB ist eine Sache frei von Rechtsmängeln, wenn Dritte in Bezug auf die Sache keine oder nur die im Kaufvertrag übernommenen Rechte gegen den Käufer geltend machen können. Es ist vor allem das dieses beschränkte dingliche Recht, das am Sacheigentum haftet und sich gegen jeden Eigentümer durchsetzt, der es nicht nach §§ 892, 932, 936 gutgläubig erworben hat.[188] Im Kaufrecht wird in § 433 Abs. 1 S. 2 BGB dem Verkäufer deutlich das Recht auf erledigt, dem Käufer die Sache frei von Sach- und Rechtsmängeln zu verschaffen. Man findet sie in den §§ 437- 444, die allgemein vom Mangel einer Sache handeln und deshalb gleichermaßen Rechts- und Sachmängel gelten. Also

Vertragsstrafe	Pauschalierter Schadensersatz
• Auch Konventionalstrafe, Pönale, Penalty	• Englisch: *liquidated damages*
• In §§ 339 bis 345 BGB geregelt	• In § 309 Nr. 5 BGB geregelt
• Zahlung einer festgelegten Geldsumme im Falle der Nicht- oder Schlechtleistung	• Vorweggenommene Schadensschätzung
• Zur Absicherung von Leistungen	• Ziel: angemessener Ausgleich im Falle des Schadeneintritts
• Eintritt eines Schadens ist nicht Voraussetzung, ein Verschulden aber sehr wohl	• Beweislastumkehr hinsichtlich der Schadenshöhe
• Höhe der Strafe kann unter *Kaufleuten* nicht gerichtlich herab gesetzt werden	• Eintritt eines Schadens ist Voraussetzung

Abb. 6.13 Vergleich Vertragsstrafe mit pauschaliertem Schadensersatz. (Quellenangabe: Autoren)

hat der Käufer nach § 439 Anspruch auf Nacherfüllung, nach § 323 ein Recht zum Rücktritt vom Vertrag, nach § 441 ein Recht, den Kaufpreis zu mindern, und nach §§ 280 ff. einen Anspruch auf Schadensersatz in mehreren Varianten.[189] Die Beweislast für den Rechtsmangel liegt nicht mehr unterschiedslos beim Käufer, wie es vor der Schuldrechtsreform der Fall war,[190] sondern richtet sich nach der allgemeinen Regel des § 363 BGB.

Bei einer entsprechenden vertraglichen Klausel geht es dem Lieferant, der ggf. eine Schutzrechtsverletzung zu vertreten hat, i. d. R. darum, dass die Situation bei der Beweisführung durch das Verhalten des Kunden nicht erschwert wird. Zwar kann der Lieferant seinen Haftungsrahmen gegenüber dem Kunden begrenzen (siehe oben), aber i. d. R. hat er mit demjenigen, der eine Schutzrechtsverletzung geltend macht, keine vertragliche Beziehung, sodass er in einem solchen Fall dem Dritten immer unbegrenzt haftet. Darüber hinaus ist es wichtig, dass ein Prozess vertraglich definiert wird, um Ansprüche Dritter abzuwehren.[191]

Analog § 121 S. 1 BGB gewinnt, dass Wort unverzüglich natürlich eine erhebliche Bedeutung, da dies kein schuldhaftes Zögern des Kunden zulässt. Anstelle eines „Unverzüglich" kann auch eine bestimmte Frist bzw. „innerhalb einer angemessenen Frist" gesetzt werden. Wann eine Frist angemessen ist, ergibt sich nur aus dem Einzelfall. Eine angemessene Frist soll dem Schuldner die Gelegenheit zur Vertragserfüllung eröffnen.[192]

6.11.17 Beschaffenheitsgarantien

Gemäß § 444 BGB (vgl. im Werkrecht § 639 BGB) kann sich der Verkäufer auf eine Vereinbarung, durch welche die Rechte des Käufers wegen eines Mangels ausgeschlossen oder beschränkt werden, nicht berufen, wenn er den Mangel arglistig verschwiegen oder eine Garantie für die Beschaffenheit der Sache übernommen hat. Dabei muss das Wort „Garantie" nicht unbedingt verwendet werden. Gleichbedeutete Begriffe sind möglich, so z. B. „voll einstehen", „uneingeschränkte Gewährleistung", auch „zusichern"[193] wird in der Regel genügen.[194] Die Garantie kann auf die volle Mängelfreiheit (vgl. § 434 BGB) oder auf

einzelne Beschaffenheitsmerkmale bezogen werden, auch auf eine bestimmte Beschaffenheit der Sache innerhalb eine Zeitraums (Haltbar-
keitsgarantie). Bei den neuen §§ 443, 444 BGB handelt es sich grundsätzlich um kein abdingbares Recht, das vertraglich ausgeschlossen
werden könnte.[195] Der Lieferant kann aber die Haftung über §§ 443,
444 BGB hinaus dadurch ausschließen oder beschränken, dass er den
Kunden über die mangelbegründenden Tatsachen vollständig aufklärt
und somit die Wirkung des § 442 BGB (Kenntnis des Käufers) herbei-
führt.[196] Ein Haftungsausschluss oder eine Beschränkung ist somit nur
möglich, wenn die §§ 443, 444 BGB dieser nicht entgegenstehen.[197]
Übernimmt der Lieferant gegenüber dem Kunden eine ausdrückliche
Garantie, eine garantieähnliche Erklärung, eine Eigenschaftszusicherung
(z. B. sichert er zu, dass der Server zu 100 % läuft), so kann diese nicht
begrenzt werden, d. h., ein Haftungsausschluss wäre unwirksam und es
würden die gesetzlichen Regelungen gelten.[198]

Möchte der Lieferant zwar für einige Leistungsmerkmale einstehen,
dies aber nicht unbegrenzt im Sinne der §§ 443, 444 BGB, so sollten
Eigenschaften als besondere Leistungsmerkmale bezeichnet werden und
die Rechtsfolgen für das Nicht-Erreichen der Eigenschaften abschlie-
ßend geregelt werden. Beispiel hierfür sind die Kaufpreisminderung,
die Vereinbarung eines pauschalierten Schadensersatzes (jeweils unter
ausdrücklichem Ausschluss weiter gehender und anderer Ansprüche).
Zudem sollte der Lieferant ausdrücklich im Vertrag klarstellen, dass es
sich bei den oben genannten Leistungsmerkmalen nicht um Beschaffenheitsgarantien im Sinne der §§ 443, 444, 639 BGB handelt. Übernimmt der Lieferant irgendwie geartete Garantien, sollte er dies auch
im Vertrag expliziert definieren.[199]

In der Literatur wurde z. T. vertreten, dass der Wortlaut des §§ 444,
639 BGB jegliche Haftungsbeschränkung meint.[200] Eine solche Ansicht
führte dazu, dass viele Juristen Verträge und Leistungsbeschreibung auf
Begriffe, die auf eine Garantie hinwiesen, scannten und diese durch
unverfänglichere Begriffe ersetzten. Eine viel einfachere Lösung ist es,
eine Klausel im Rahmenvertrag aufzunehmen, die besagt, dass nur dann
tatsächlich eine Beschaffenheitsgarantie abgegeben wird, wenn diese als
solche auch expizit beschrieben ist. Das Wort (ggf. verschuldensunabhängige) Beschaffenheitsgarantie dürfte wohl niemand „aus Versehen"

in einem Vertrag verwenden. Damit ist der Parteiwille aber eindeutig definiert. Es wird nur da eine echte Garantie abgegeben, wo sie auch eindeutig als Beschaffenheitsgarantie gekennzeichnet ist.[201] Die Formulierung in §§ 437, 634 BGB: „soweit nicht ein anderes bestimmt ist" zeige, dass die gesetzlichen Mängelrechte kraft Privatautonomie vertraglich modifiziert werden können. Die grundsätzliche Möglichkeit, dabei vom Verschuldenserfordernis des § 280 Abs. 1 Satz 2 BGB abzuweichen, folge aus § 276 Abs. 1 S. 1 BGB.[202] In der Literatur wurde vertreten, dass eine Beschränkung der Garantieerklärung und damit letztlich der Haftung dadurch erreicht werden kann, dass unmittelbar in der Garantie selbst die Rechtsfolgen für den Garantiefall geregelt werden.[203] Dabei wird argumentiert, dass § 443 BGB explizit bestimmt, dass dem Käufer *„die Rechte aus der Garantie zu den in der Garantieerklärung (…) angegebenen Bedingungen"* zustehen. Werde eine von vornherein eingeschränkte Garantie abgegeben, bleibe für eine Anwendung der §§ 444, 639 BGB kein Raum mehr; der Garantiegeber verstoße nicht gegen das Verbot des *venire contra factum proprium*.[204] Bei der Vertragsgestaltung seien daher für jede Garantie direkt in der betreffenden Garantieklausel die Rechtsfolgen zu definieren und sogleich mitzuregeln.[205]

Da es nach der Schuldrechtsreform einige Unsicherheiten bzgl. der Anwendung von §§ 444, 639 BGB und den sog. Beschaffenheitsgarantien gab (siehe oben), hat der Gesetzgeber durch Art. 1 Ziff. 6 des *„Gesetzes zur Änderung der Vorschriften über Fernabsatzverträge bei Finanzdienstleistungen"*[206] nunmehr eine klarstellende Änderung der §§ 444 und 639 BGB dahingehend bewirkt, dass das dort jeweils enthaltene Wort *„wenn"* durch das Wort *„soweit"* ersetzt wird. Mit der Änderung wurde ausweislich der Gesetzesbegründung[207] die überwiegende Literaturauffassung bestätigt und ausdrücklich klargestellt werden, dass die §§ 444 Alt. 2 und 639 Alt. 2 BGB auf der Voraussetzungsseite inhaltlichen Beschränkungen der Garantie nach Art und Höhe (z. B. bezüglich der Haftungssumme, in zeitlicher Hinsicht oder in Bezug auf die sich aus der Garantie ergebenden Rechtsfolgen) nicht entgegenstehen und auf der Rechtsfolgenseite einen Ausschluss oder eine Beschränkung der Haftung nur in dem Umfang verbieten, in dem die Garantie, die u. U. ihrerseits nach Art und Höhe begrenzt ist, übernommen wurde. Sinn und Zweck der Vorschriften bestehe allein darin, entsprechend der Vorgängervorschrift des § 11 Nr. 11 AGBG ein widersprüchliches Verhalten zu verhindern. Danach dürfe eine zunächst übernommene Garantie nicht nachträglich wieder ausgeschlossen oder eingeschränkt werden. §§ 444, 639 BGB stünden der Vereinbarung einer Haftungsbeschränkung jedoch dann nicht entgegen, wenn die übernommene (selbstständige oder unselbstständige) Garantie den vereinbarten Haftungsumfang ihrerseits verdeutliche und nicht an anderer Stelle im Vertragswerk in überraschender oder intransparenter Weise eingeschränkt werde.[208] Weiter wurde klargestellt, dass ein Bedürfnis für ein solches Verbot, Garantien nachträglich überraschend wieder auszuschließen oder einzuschränken, nicht nur für Verbraucher- und Formularverträge, sondern auch für zwischen Unternehmern abgeschlossene Individualverträge bestehe.[209] Schließlich wird in der Gesetzesbegründung darauf hingewiesen, dass es sich bei den Änderungen lediglich um eine Klarstellung des Regelungsgehalts der Vorschriften und nicht um eine inhaltliche Neuregelung handelt und daher keine Übergangsvorschriften notwendig sind.[210] Dies bedeutet, dass unter der Geltung des Schuldrechtsmodernisierungsgesetzes getroffene Vereinbarungen über Garantien bei gleichzeitiger Beschränkung der Haftung rechtlich genauso zu beurteilen sind wie solche, die erst nach Inkrafttreten des Änderungsgesetzes abgeschlossen werden.[211] Angesichts der oben dargelegten haftungsrechtlichen Konsequenzen gilt es aus Lieferansicht, eine Garantieübernahme grundsätzlich zu vermeiden. Wird im Einzelfall gleichwohl eine Garantie übernommen, so sollte im Hinblick auf die §§ 444, 639 BGB eine daneben vereinbarte Haftungsbeschränkung und insbesondere auch eine Verkürzung der Verjährung unmittelbar in der Garantieklausel selbst geregelt werden, da der Lieferant anderenfalls für die Folgen des Nichtvorhandenseins der garantierten Beschaffenheit unbegrenzt und womöglich sogar im Rahmen der regelmäßigen Verjährung des § 195 BGB haftet. Dabei ist es ohne Weiteres möglich, die Garantie in der Weise einzuschränken, dass auf eine allgemeine Haftungsbegrenzungsklausel an anderer Stelle des Vertrages verwiesen wird. Entscheidend ist allein, dass die Einschränkung in der Garantieklausel selbst deutlich zum Ausdruck kommt und nicht in überraschender oder intransparenter Weise erfolgt.[212]

6.12 Verzug

Die rechtzeitige Erbringung einer Leistung ist sehr wichtig. Gerade deshalb werden auch strenge Service Level, die Festlegung von Projekt-Meilensteinen oder ähnliches vereinbart, da die gesetzlichen Verzugsregelungen nicht ausreichend sind, um den Anforderungen z. B. an IT-Services gerecht zu werden. Eine Pflichtverletzung im Sinne des § 280 Abs. 1 S. 1 BGB liegt grundsätzlich dann vor, wenn der Schuldner in zeitlicher Hinsicht hinter seinem Pflichten aus dem Schuldverhältnis zurück-bleibt (Verzug), wie in Abb. 6.14 beispielhaft dargestellt.

Der Schuldner kommt nach § 281 Abs. 1 BGB Verzug, wenn er trotz Fälligkeit und Mahnung, Klage oder Mahnantrag nicht leistet. Er kommt dabei aber nur dann in Verzug, wenn und solange er die verzögerte Leistung nachholen kann. Zu beachten ist aber, dass der Schuldner nicht erst dann in Verzug gerät, wenn er sich gem. §§ 280 Abs. 1 S. 2, 286 Abs. 4 BGB entlasst und nachweist, dass er die Leistungsverzögerung nicht zu vertreten hatte. Nach § 275 BGB wird

Abb. 6.14   Verzug der Braut? (Quellenangabe: lisalucia- stock.adobe.com)

der Schuldner von seiner Leistungspflicht befreit, da er eine unmögliche Leistung nicht mehr nachholen kann. Dabei macht schon ein zeitweiliges Leistungshindernis die Leistung unmöglich, wenn es den Vertragszweck derartig gefährdet, dass dem verunsicherten Gläubiger ein Festhalten am Vertrag nicht mehr zumutbar ist. Der § 286 Abs. 1 BGB ist dabei keine Anspruchsgrundlage, sondern eine Hilfsnorm für die §§ 280 Abs. 1, Abs. 2 BGB. Dabei lässt sich der Verzug als eine Art von unberechtigter Leistungsverzögerung bestimmen.

Den Schadensersatz kann der Gläubiger nach § 280 Abs. 1, Abs. 2. BGB mit § 286 BGB oder nach §§ 280 Abs. 1, Abs. 3, 281 BGB verlangen, je nachdem, welcher Art der Schaden ist, den er ersetzt haben will. Den Verzögerungsschaden liquidiert er nach § 280 Abs. 1, Abs. 2. mit § 286 BGB. Schadensersatz statt der Leistung bekommt er nur nach § 280 Abs. 1, Abs. 3 mit § 281 BGB, wenn er dem Schuldner erfolglos eine angemessene Frist zur Erfüllung gesetzt hat; die früher notwendige Ablehnungsandrohung ist entfallen. Gleiches gilt auch für den Rücktritt nach § 323 BGB. Nach § 325 BGB kann der Gläubiger zurücktreten und Schadensersatz verlangen. Der Verzug nach § 286 BGB spielt nur noch für den Verzögerungsschaden (§ 280 Abs. 1, Abs. 2. BGB), die Verzinsung einer Geldschuld (§ 288 BGB) und die Haftungsverschärfung (§ 287 BGB) eine Rolle. Allerdings enthält die Fristsetzung nach §§ 281, 323 BGB in aller Regel auch eine Mahnung, die den Schuldner in Verzug setzt. Damit der Schuldner in Verzug ist, bedarf es gem. § 286 Abs. 2 BGB keiner Mahnung, wenn

- für die Leistung eine Zeit nach dem Kalender bestimmt ist.
- der Leistung ein Ereignis vorauszugehen hat und eine angemessene Zeit für die Leistung in der Weise bestimmt ist, dass sie sich von dem Ereignis an nach dem Kalender berechnen lässt.
- der Schuldner die Leistung ernsthaft und endgültig verweigert.
- aus besonderen Gründen unter Abwägung der beiderseitigen Interessen der sofortige Eintritt des Verzuges gerechtfertigt ist.

Gemäß § 286 Abs. 3 BGB kommt der Schuldner einer Entgeltforderung spätestens in Verzug, wenn er nicht innerhalb von 30 Tagen nach Fälligkeit und Zugang einer Rechnung oder gleichwertigen Zahlungsaufstellung (…) leistet. Im Rahmenvertrag sollten die Regelung des § 286 Abs. 1 – Abs. 3 BGB konkretisiert werden und die entsprechenden Rechtsfolgen festgelegt werden. Ob dabei für den Verzug grundsätzlich Regelungen in den Rahmenvertrag auf-genommen werden müssen (ausgenommen dem pauschalierten Verzugsschaden), kann dahingestellt werden. Grundsätzlich ergeben sich alle Notwendigen Regelungen für den Verzug aus dem Gesetz. In Abb. 6.15 sind alle wichtigen Fakten zum Thema Verzug und Mahnung noch einmal zusammengefasst.

6.13 Geschäftsführung ohne Auftrag (GOA)

Eine Geschäftsführung ohne Auftrag liegt vor, wenn jemand (Geschäftsführer) für einen anderen (Geschäftsherr) Handlungen vornimmt, ohne von diesem dazu beauftragt worden oder sonst dazu berechtigt zu sein. Die Regelung dient dem nachträglichen Interessensausgleich beider Seiten: Der Geschäftsführer übernimmt eine Tätigkeit im Interesse des Geschäftsherrn und greift dadurch zum einen in dessen Rechts- und

Verzug des Verkäufers / Herstellers	Mahnung

• Nachholbarkeit der Leistungserbringung?
• Verspätung der Leistung
• Durch Verschulden des Schuldners (§ 286 IV BGB)
  • prüfen, ob durch Verletzung von Mitwirkungspflichten des Kunden verursacht
• Trotz Fälligkeit
  • wenn kein Leistungstermin vereinbart wurde, ist die Leistung sofort fällig (§ 271 BGB)!
	• Bedarf keiner bestimmten Form.
	• Ist eine einseitige, empfangsbedürftige Willenserklärung.
	• Fristsetzung ist nicht erforderlich.
	• Androhung bestimmter Folgen kann, muss aber nicht erfolgen.

Verzug des Käufers / Bestellers	**Entbehrlichkeit der Mahnung**
• Keine Annahme der angebotenen Leistung oder • Unterlassung von Mitwirkungshandlungen (Annahmeverzug), z.B. Nichtbereitstellung von IT-Systemen, auf die Software installiert werden soll. • ACHTUNG! Verschulden ist nicht erforderlich! • Nicht-Zahlung des Kaufpreises (Schuldnerverzug): beachte § 286 III BGB.	• Vertrag enthält konkrete Regelung über den Leistungszeitpunkt (z.B. 25.03.2024) oder ist bestimmbar. • Der Verkäufer weigert ernsthaft und endgültig die Leistungserbringung. • Sofortiger Verzugseintritt ist gerechtfertigt, z.B. bei Zusage schnellstmöglicher Lieferung und dann passiert längere Zeit nichts (strenge Anforderungen!)

Abb. 6.15 Übersicht Verzug und Mahnung. (Quellenangabe: Autoren)

Interessenkreis ein, zum anderen hat er dafür unter Umständen eigene Aufwendungen, an deren Ersatz er ein Interesse hat. Zu beachten ist, dass die Begriffe Geschäftsführer und Geschäft hier nicht gleichbedeutend sind mit ihren üblichen Bedeutungen, da ein rechtsgeschäftliches Handeln nicht erforderlich ist.

Die insofern unbeauftragte Wahrnehmung fremder Interessen erfordert eine Regelung in zweierlei Richtung: Zum einen muss der Geschäftsführer abgesichert werden, soweit er die Geschäftsführung berechtigt übernimmt. Aber auch der Geschäftsherr muss vor aufdringlichen oder eigennützigen Eingriffen des Geschäftsführers geschützt werden. Alle wichtigen Voraussetzungen plus Beispiele für die Geschäftsführung ohne Auftrag finden Sie in Abb. 6.16.

6.14 Störung der Geschäftsgrundlage

Wenn sich während des Projektverlaufs gravierende Dinge ändern, die einen erheblichen Einfluss auf die Leistungen der Parteien haben, kann das – rechtlich betrachtet – eine Störung der Geschäftsgrundlage

Gesetzliche Regelung und Definition	Voraussetzung und Rechtsfolge
• Geregelt in §§ 677 ff. BGB. • Eine GoA liegt vor, wenn jemand ein Geschäft für einen anderen besorgt, ohne ihm gegenüber aufgrund eines Auftrags oder eines sonstigen Grunds hierzu berechtigt zu sein. • Der Begriff des Geschäfts ist weit zu verstehen und umfasst **jede fremdnützige Tätigkeit,** beispielsweise den Schutz eines fremden Rechtsguts vor Gefahren und das Leisten auf eine fremde Verbindlichkeit.	• Um Schaden abzuwenden, muss ein anderer ohne Auftrag tätig werden. • Die Gefahr des Schadens muss deutlich höher sein als der Wert der Leistung. • Rechtsfolge: Ersatz der Aufwendungen nach § 683 BGB

Beispiele:

• Haus brennt, Löschung durch Feuerwehr, Rechnung über Löscheinsatz an Hauseigentümer (§ 680 BGB zur Gefahrenabwehr)
• Porsche ausgeliehen: Feststellung, dass Blinker defekt, Rechnung für Reparatur an den Eigentümer des Porsche (§ 681 BGB Nebenpflichten des Geschäftsführers)

Abb. 6.16 Übersicht Geschäftsführung ohne Auftrag (GoA). (Quellenangabe: Autoren)

darstellen. In Abb. 6.17 kann beispielsweise der Rodelbetrieb offensichtlich nicht stattfinden, da es an entsprechendem Schnee (= der Geschäftsgrundlage) mangelt. Eine Störung der Geschäftsgrundlage ist nach § 313 BGB zu beurteilen. Grundsätzlich stellt sich dabei die Frage, welche Partei das Risiko trägt, wenn der Lebenssachverhalt anders ist oder sich anders entwickelt hat, als es sich die Parteien bei Vertragsabschluss vorgestellt haben. Hierbei ist natürlich auch möglichst vertraglich zu regeln, dass eine Partei dieses Risiko trägt. Erst wenn weder Vertrag noch das Gesetz eine klare Risikozuweisung vornehmen, kommen die Regeln der Störung der Geschäftsgrundlage zur Anwendung ein, d. h. wenn

- die gesetzliche Sachmängelhaftung nach §§ 434 ff. BGB nicht greift oder eine Haftung aufgrund Verschuldens bei Vertragsabschluss (§ 311 Abs. 2 BGB) nicht zur Anwendung in Betracht kommt, gelangt, und zwar selbst dann, wenn die Haftungsvoraussetzungen

Abb. 6.17 Illustration zu „Störung der Geschäftsgrundlage". (Quellenangabe: M.Dörr & M.Frommherz – stock.adobe.com)

einer konkreten Haftung im Einzelfall nicht vorliegen, der Anspruch verjährt ist oder die Haftung vertraglich abbedungen ist.

- keine Unmöglichkeit gem. § 275 Abs. 1 BGB vorliegt, mit Ausnahme der wirtschaftlichen Unmöglichkeit, auf die nicht § 275 Abs. 2 BGB, sondern § 313 BGB Anwendung findet;
- der Vertrag keine ausdrückliche oder im Wege der Auslegung zu ermittelnde vertragliche Regelung betreffend den Wegfall, die Veränderung oder das Fehlen bestimmter Umstände, die zur Grundlage des Vertrages geworden sind, enthält.

Voraussetzung für § 313 BGB ist, dass sich die Geschäftsgrundlage nach Vertragsabschluss schwerwiegend verändert hat. Als Geschäftsgrundlage werden die typischen Geschäftsrisiken bezeichnet, die der Vertrag oder das Gesetz einem Vertragspartner aufbürden, vgl. § 313 Abs. 1 BGB. Dabei stellt sich nicht die Frage, wie die Parteien die Vertragslücke ausgefüllt hätten oder den Vertrag der veränderten Situation angepasst hätten (wenn sie die Veränderung bedacht hätten), sondern wie nach Treu und Glauben verfahren werden muss. In beiden Fällen wird den Parteien, ob sie wollen oder nicht, ein bestimmtes Ergebnis objektiv zugerechnet. Insoweit ist § 313 Abs. 1 BGB, wenn er auf den hypothetischen Parteiwillen abstellt, missverständlich formuliert; erst der Hinweis auf die „Umstände des Einzelfalls" sowie die auf die vertragliche oder gesetzliche Risikoverteilung bringt die Sache wieder ins rechte Lot.

Eine grundlegende Aussage, wann eine schwerwiegende Veränderung der Umstände vorliegt, lässt sich leider nicht treffen. Prinzipiell hängt dies immer von der Art des Vertrages und der aufgetretenen Störung ab. Die schwerwiegende Veränderung begründet einen Anspruch auf Anpassung des Vertrags. Entscheidend ist dabei nicht, wie die Parteien den Vertrag auf die veränderte Situation abgestimmt hätten, wenn sie die Veränderung bedacht hätten, sondern wie nach Treu und Glauben verfahren werden muss.

Einer schwerwiegenden Veränderung steht es gemäß § 313 Abs. 2 BGB gleich, wenn sich wesentliche Vorstellungen der Vertragspartner, die zur Grundlage des Vertrages geworden sind, als falsch herausstellen. Hierzu zählen z. B. auch unverschuldete Falschaussagen, die zu einem beiderseitigen Motiv- bzw. Kalkulationsirrtum führen und dadurch eine gravierende Störung des Leistungsgleichgewichts darstellen.

Der § 313 Abs. 3 BGB regelt den Fall, dass eine Partei als ultima ratio zur Beseitigung eines Leistungsgleichgewichts vom Vertrag zurücktreten kann, sofern auch eine Anpassung des Vertrages nicht möglich oder nicht zumutbar ist. Eine solche Unzumutbarkeit kann nur dann angenommen werden, wenn nicht ernstlich zweifelhaft ist, dass eine der Parteien oder beide Parteien den Vertrag bei Kenntnis der Veränderung nicht oder nur mit einem anderen Inhalt abgeschlossen hätten; sie setzt i. d. R. voraus, dass das Festhalten am Vertrag zu untragbaren, mit Recht und Gerechtigkeit nicht zu vereinbarenden Ergebnissen führen würde.

Sicherlich ist es schwer, nach diesen allgemeinen Ausführungen ein Gefühl für das richterliche Verständnis über Risikoverteilung im Rahmen der Störung der Geschäftsgrundlage nach § 313 BGB zu bekommen. Aus diesem Grund sollen folgende Entscheidungen ein Gefühl für die richterliche Beurteilung der Risikoverteilung in den Fällen vermitteln, in denen der § 313 BGB keine(!) Anwendung gefunden hat:

- Grundsätzlich trägt der Verkäufer von Gattungswaren das Risiko, die Ware nicht beschaffen zu können. (BGH NJW 72, 1702),
- Der Werkunternehmer trägt das Risiko, dass versprochene Werk zum vereinbarten Preis herstellen zu können (BGH JZ 78, 235).
- Der Käufer oder Besteller trägt das Risiko, mit der mangelfreien Ware oder dem mangelfreien Werk nichts anfangen zu können (BGH 74, 370; NJW 84, 1746).
- Kauf eines Unternehmens: der Käufer eines Unternehmens muss hinnehmen, dass das ein Unternehmen konjunkturbedingt zusammenbricht und insolvent wird (BGH BB 77, 1171).
- Für die Erhöhung der Umsatzsteuer gilt der § 29 UStG, der eine Anpassung nur für Verträge zulässt, die mehr als vier Monate vor dem Stichtag der Steuersatzänderung geschlossen worden sind. (BGH 40, 336, BGH NJW 02, 2098).
- Kauf einer ungeschützten Erfindung: Der Käufer einer ungeschützten Erfindung hat nur eine Chance erworben und keine Erfindung (BGH 83, 283)

In folgenden Fällen haben die Gerichte eine Anwendung des § 313 BGB bejaht:

- Gemeinschaftlicher Kalkulationsirrtum bei einem Rechtsanwalts-Honorar, welches geringer sei ist als das gesetzliche. (BGH NJW 95, 1428)
- Bei einem Unternehmenskauf hat das Gericht den Wegfall wegen Äquivalenzstörung bejaht, weil die Ordnungsbehörde die Erlaubnis zur Fortführung des Betriebs von Auflagen abhängig gemacht hatte, die erhebliche Kosten verursachten. (OLG Düsseldorf, OLGR Düsseldorf 1992, 138, 139).
- Gemeinschaftlicher Irrtum über einen Umrechnungskurs (RG 105, 406, Köln NJW-RR 91, 1266).
- Zu einer Anpassung nach § 313 Abs. 2 BGB können anfängliche Bewertungsfehler führen, wenn beide Seiten über die fragliche Eigenschaft geirrt haben und auf diesem Fehler ihr Geschäft beruht hatte (BGH 113, 314).
- Gleiches gilt für einen gemeinschaftlichen Irrtum über steuerrechtliche Folgen eines Geschäftes, wenn die Aufdeckung des Irrtums die wirtschaftlichen Daten wesentlich verändert (BGH DB 76, 234, KG BB 82, 944).

Zusammengefasst finden Sie die gesetzliche Regelung zur Störung der Geschäftsgrundlage in Abb. 6.18.

6.15 Form

Im Privatrecht herrscht grundsätzlich Formfreiheit (Vertragsfreiheit). Dies ist auf den Grundsatz der Privatautonomie zurückzuführen, der die freie Gestaltung der Rechtsbeziehungen unter Privaten zulässt.

Das Gesetz sieht jedoch für manche Willenserklärungen, die zu bestimmten Rechtsgeschäften gehören, eine besondere Form vor (gesetzliches Formerfordernis). Es ist auch möglich, dass die Parteien eines Rechtsgeschäfts selbst die Einhaltung einer besonderen Form vereinbaren (Vereinbarte bzw. gewillkürte Form).

Gesetzliche Regelung und Definition

- Geregelt in § 313 BGB.
- „Haben sich Umstände, die zur Grundlage des Vertrages geworden sind, nach Vertragsschluss schwerwiegend verändert und hätten die Parteien den Vertrag nicht oder mit anderem Inhalt geschlossen, wenn sie diese Veränderung vorausgesehen hätten, so kann eine Anpassung des Vertrages verlangt werden […].
- Keine Irrtümer nach § 119 ff. BGB erfasst.
- Umstände von außen (keine der beiden Parteien zu verschulden)
- Sehr hohe Anforderungen an „Umstände" und „schwerwiegend verändert".
- § 313 II BGB: „Einer Veränderung der Umstände steht es gleich, wenn wesentliche Vorstellungen, die zur Grundlage des Vertrages geworden sind, sich als falsch herausstellen".

Abb. 6.18 Übersicht Störung der Geschäftsgrundlage. (Quellenangabe: Autoren)

Sinn einer gesetzlichen Formbedürftigkeit kann es sein, die Erklärenden auf mögliche negative Folgen ihrer Erklärungen hinzuweisen (Warnfunktion), Beweise zu sichern (Beweisfunktion), Dritten die Überprüfung zu ermöglichen (Kontrollfunktion) oder die Beratung der Erklärenden durch Rechtskundige sicherzustellen (Beratungsfunktion), beispielsweise durch einen Notar.

Das BGB kennt als gesetzliche Form für Willenserklärungen:

- die Textform,
- die Schriftform,
- die elektronische Form (als Unterfall der Schriftform),
- die vereinbarte Form,
- die öffentliche Beglaubigung und
- die notarielle Beurkundung (vom leichteren zum strengeren).

Eine Formvereinbarung kann für ein Rechtsgeschäft einen konstitutiven (für die Wirksamkeit zwingenden) oder einen deklaratorischen (nur der Klarstellung dienenden) Zweck haben. Im ersten Fall führt der Formverstoß zur Nichtigkeit des Rechtsgeschäfts, im zweiten Fall bleibt es wirksam. Lässt sich der beabsichtigte Formzweck nicht klar entscheiden, so ist das Rechtsgeschäft nach § 125 S. 2 BGB im Zweifel wegen Formmangels nichtig.

Beispiele gesetzlicher Formerfordernisse sind die Schriftform beim Mietvertrag über ein Jahr Laufzeit, ggf. bei Arbeitsverträgen, die Kündigung von Arbeitsverhältnissen und bei der Bürgschaft, oder die notarielle Beurkundung bei der Schenkung, beim Grundstückskaufvertrag und bei der Auflassung (Eigentumsübertragung von Grundstücken). Das Verfahrensrecht sieht eine besondere Form für das Urteil vor.

Eine Schriftformvereinbarung können die vereinbarenden Parteien wieder aufheben, und zwar im Zweifel auch mündlich oder sogar stillschweigend (konkludent).

Ein Formverstoß kann mitunter geheilt werden, wenn der Formzweck die Nichtigkeit nicht mehr gebietet, so etwa durch Nachholung der Form oder durch Vollzug des Rechtsgeschäfts.

In Abb. 6.19 finden Sie eine Zusammenfassung der unterschiedlichen Formerfordernisse.

6.16 Grundsätzliche Hinweise zur Vertragsgestaltung

Anforderungen an die Form in den unterschiedlichen Prozessen

- Abnahme
- Hinweise auf Verzug

Grundsatz: Formfreiheit	Gesetzliche Formerfordernisse	Gewillkürte Form

• mündlich
• durch schlüssiges Verhalten
• durch Schweigen (grds. nur unter Kaufleuten – B2B)
	• **Schriftliche Form (§ 126 BGB)**
	• **Elektronische Form (§ 126a BGB)**
	  • E-Mail mit qualifizierter elektronischer Signatur
	• **Textform (§ 126b BGB)**
	  • E-Mail
	• **Notarielle Form (§ 128 BGB)**
		• vereinbarte Form (§ 127 BGB)
		• Soweit nicht anders vereinbart bzw. durch Auslegung zu ermitteln, gelten nach
		§ 127 BGB geringere Anforderungen im Vergleich zu gesetzlichen Formerfordernissen
		• Für Schriftform genügt im Zweifel „telekommunikative Übermittlung" (z.B. E-Mail)
		• Für elektronische Form genügt auch eine von § 126a BGB abweichende elektronische Signatur

Abb. 6.19 Übersicht Formerfordernisse. (Quellenangabe: Autoren)

Wie?

In der Praxis scheitert es ja oft an der Kommunikation und Beweisbarkeit. Wann habe ich die Abnahmebereitschaft anzeigt? Habe ich den Vertragspartner ausreichend informiert? Und in der vertraglich vorgeschriebenen Art und Weise?

6.17 Organisation Claim Management

Der organisatorische Aufbau eines Claim-Management ist auf der Seite des Kunden und des Lieferanten von erheblicher Bedeutung. Denn werden keine Claims erkannt und an Fachleute weitergeleitet, können auch keine Claims gestellt werden. Auch die Abwehr von Claims erscheint äußerst schwierig, wenn eine geeignete Struktur für das Claim-Management gibt.

Der organisatorische Aufbau eines Claim Management richtet sich nach der Größe des zu betreuenden Vertrags bzw. nach der Größe des Kunden oder Lieferanten. So kann ein Claim oder Contract Manager für eine Vielzahl von Kunden, Lieferanten oder Verträge zuständig sein, ein Team von Claim oder Contract Managern aber auch für lediglich einen Vertrag bzw. einen Kunden oder Lieferanten. Dabei muss die Rolle des Claim Managers nicht zwingend einem Juristen zugeordnet werden. Vielfach nehmen auch Kaufleute diese Aufgabe war, wobei juristischer Sachverstand von erheblichem Vorteil ist.

Grundsätzlich sollten vom Claim Management entsprechende Listen (Claim Sheets) geführt werden, in denen alle notwendigen Informationen und Aktionen bzgl. einzelner Forderungen oder Gegenforderungen aufgelistet sind. Ein solches Claim Sheet sollte dabei nicht nur rechtliche Aspekte enthalten, sondern auch Informationen zum Leistungsumfang oder zur kaufmännischen Wertigkeit des Claims. Im Einzelnen sollte ein Claim Sheet mindestens folgende Informationen enthalten:

* Bezeichnung der Forderung,
* Status (z. B. Forderung gestellt oder lediglich intern kommuniziert),
* Beschreibung des Sachverhalts,
* Referenz oder Referenzen im Vertrag,

- kaufmännische Wertigkeit,
- Historie,
- Maßnahmen,
- beteiligte Personen.
- Finale Lösung

Je nach Umfang der notwendigen Betreuung kann es erforderlich sein, Geschäftsprozesse für das Management von Claims zu schaffen. Sie sehen vor, dass Forderungen, die vom Vertragspartner gestellt werden (Incoming claims), beim Claim Management eingehen und dort juristisch, kaufmännisch und technisch bewertet werden.

Dabei ist die wesentliche Frage, ob die vom Kunden geforderte Leistung vom Vertrag umfasst ist (Inscope) oder außerhalb des Leistungsumfangs steht (Outscope). Bei Forderungen, die an den Vertragspartner gestellt werden (Outcoming claims), ist die Zulieferung von Informationen durch die Fachabteilungen wichtig. Unabhängig von Incoming oder Outcoming claims ist für ein langfristiges partnerschaftliches Verhältnis zwischen den Vertragsparteien eine zentrale Steuerung aller Forderungen notwendig.

So kann ein Anspruch rechtlich bestehen, es aber aus Vertriebsgründen nicht opportun sein, ihn tatsächlich durchzusetzen oder abzuwehren.

Abb. 6.20 zeigt das Modell eines Geschäftsprozesses zum Thema Claim Management innerhalb eines Unternehmens. Unterstellt man, dass Vertragspartner 1 ein Kunde ist, so wird er seine Forderungen gegen Vertragspartner 2 über das Account Management oder die operativen Einheiten (z. B. Delivery) an den Vertragspartner 2 stellen, vielleicht aber auch über weitere Einheiten, wie z. B. IT-Security, Revision u. a. Das Account Management bzw. die operativen Einheiten sollten diese Forderungen an das Claim oder Contract Management weiterleiten, das die Forderungen entsprechend bearbeitet und bewertet. Die Verhandlung des Claims kann dann nur über die Kundenstelle des Account Managements führen. Fraglich ist lediglich, ob ein Claim Manager hinzugezogen wird, was nach dem Status der jeweiligen Forderung zu entscheiden ist. Unterstellt man, dass Vertragspartner 1 ein Lieferant ist und Vertragspartner 2 ein Kunde, so sind die Aufgaben grundsätzlich

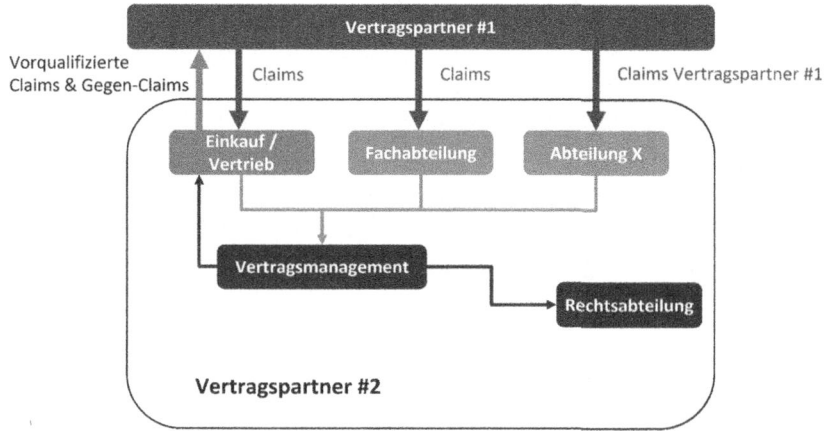

Abb. 6.20 Claim-Prozess. (Quellenangabe: Autoren)

die Gleichen. Es ist aber davon auszugehen, dass die Schnittstelle des Kunden dann vom Einkauf oder von einem sog. Vendor oder Lieferant Management wahrgenommen wird.

6.18 Vergleich

Mit einem Vergleich wird durch einen Vertrag der Streit oder die Ungewissheit der Parteien über ein Rechtsverhältnis im Wege gegenseitigen Nachgebens beseitigt (Legaldefinition in § 779 BGB).

Wird der Vergleich zum Zwecke der gütlichen Beilegung eines bei Gericht anhängigen Rechtsstreits geschlossen (Prozessvergleich), hat er eine Doppelnatur: Er ist sowohl Prozesshandlung als auch materielles Rechtsgeschäft. Der Prozessvergleich muss zu richterlichem Protokoll genommen werden (§ 160 Abs. 3 Nr. 1 ZPO). Er beendet den Prozess und ist Vollstreckungstitel (§ 794 Abs. 1 Nr. 1 ZPO). Ein Rechtsstreit wird durch einen Prozessvergleich beendet und verliert damit seine Rechtshängigkeit. Ein Prozessvergleich entfaltet keine Rechtskraft.

Eine Mediation im Rahmen eines Güteverfahrens vor einer staatlich anerkannten Gütestelle bietet den Parteien die Möglichkeit, unter Vermittlung eines speziell ausgebildeten neutralen Dritten – des Mediators

– eine interessengerechte, einvernehmliche und dauerhafte Konfliktlösung zu erarbeiten und mit einem Vergleich abzuschließen. Ziel der Verhandlungsführung ist es, Sach- und Beziehungsebene zu trennen, Interessen auszugleichen und Entscheidungsalternativen unter neutralen Beurteilungskriterien zu suchen, um so einen Gewinn für alle Beteiligten zu schaffen (win-win-Lösung). Kommt es zu einem Vergleich, wird dieser von der Gütestelle in einem schriftlichen Vertrag dokumentiert.

Aus diesem kann gegebenenfalls wie aus einem Gerichtsurteil die Zwangsvollstreckung betrieben werden, § 794 Abs. 1 Nr. 1 ZPO. Die außergerichtliche Streitbeilegung vor einer staatlich anerkannten Gütestelle hilft den Parteien, Einigungsoptionen frühzeitig zu erkennen und ist eine wirtschaftlich vorteilhafte Alternative zu langwierigen und teuren Gerichtsprozessen mit meist ungewissem Ausgang.

- Die meisten gerichtlichen Streitfälle werden per Prozessvergleich beendet
- Alternative zu langen Prozessen (10 Jahre bis zum BGH)
- Vergleiche sind nicht immer 100 % gerecht, bieten aber eine Alternative zum langen Prozessweg

Inhaltlich

- Ohne Anerkennung einer Rechtspflicht
- Alle Ansprüche aus dem Rechtsstreit sind damit einvernehmlich geklärt
- Zahlung oder Leistung von Sachleistungen

Vorgehensweise:In Abb. 6.21 sind beispielhaft zwei mögliche Lösungsansätze für einen Vergleich dargestellt inklusive deren Vor- und Nachteilen.

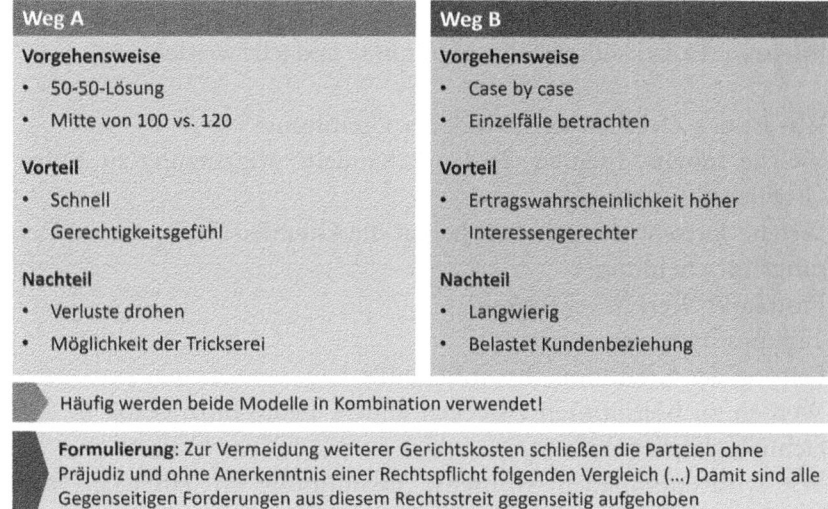

Weg A	Weg B
Vorgehensweise	**Vorgehensweise**
• 50-50-Lösung	• Case by case
• Mitte von 100 vs. 120	• Einzelfälle betrachten
Vorteil	**Vorteil**
• Schnell	• Ertragswahrscheinlichkeit höher
• Gerechtigkeitsgefühl	• Interessengerechter
Nachteil	**Nachteil**
• Verluste drohen	• Langwierig
• Möglichkeit der Trickserei	• Belastet Kundenbeziehung

> Häufig werden beide Modelle in Kombination verwendet!

> **Formulierung**: Zur Vermeidung weiterer Gerichtskosten schließen die Parteien ohne Präjudiz und ohne Anerkenntnis einer Rechtspflicht folgenden Vergleich (...) Damit sind alle Gegenseitigen Forderungen aus diesem Rechtsstreit gegenseitig aufgehoben

Abb. 6.21 Vergleich: Zwei mögliche Lösungswege. (Quellenangabe: Autoren)

6.19 Organisation von Projekten und Prozess der Eskalation

Grundsätzlich kann es in langfristigen (oder komplexen) Projekten (sprich im laufenden Betrieb) auch immer zu Unstimmigkeiten bzw. zu nicht eindeutig zu klärenden Fragen zwischen den Vertragsparteien kommen. Gegenstand eines Projektes sind in der Regel

- eine über längere Zeit dauernde,
- eine Vielzahl unterschiedlicher Personen
- mit unterschiedlichen Aufgaben involvierende und
- intensive Zusammenarbeit.

Die Organisation eines Projektes kann auf Basis guten Willens; jede und jeder weiß ja, was er/sie zu tun hat und zusammen kriegen wir das schon hin… erfolgen. Besser (und state of the art) ist es jedoch, im Vertrag organisatorische Strukturen und ordnende Regularien festzulegen (ähnlich der Organisationsstruktur einer Personengesellschaft). D. h. es werden Gremien definiert, um eine erfolgreiche Zusammenarbeit zu gewährleisten. Dabei sollten folgende Punkte bedacht werden:

- Was ist das Ziel bzw. der Zweck des Gremiums?
- Welche Inhalte/Themen werden behandelt? Abgrenzung zu anderen Gremien?
- Welche Entscheidungshoheit haben die Gremien? Information/Beratung/Entscheidung?
- Protokoll? Wer? Wie? Termin?
- Tagungsrhythmus, -ort?
- Leitung des Gremiums (fix, rotierend)?
- Werden zu bestimmten Zwecken andere Leute hinzugezogen? Z. B. fachliche Experten
- Wie wird entschieden (Konsens, Abstimmung mit einfacher Mehrheit?)
- Kommunikationsregeln?

Gängiges Gremium in großen Projekten ist z. B. das Change Advisory Board (CAB), welches eine entscheidende Rolle bei der Bewertung von Änderungswünschen spielt.

Im Falle von Unstimmigkeiten wird die Projektleitung zunächst versuchen, operative Unstimmigkeiten auf ihrer Ebene, d. h. auf der operativen Ebene und im Gremium der Projektleiter, zu lösen, bevor ein Thema eskaliert wird. Sollte dieses nicht möglich sein oder liegt die Entscheidung außerhalb des Kompetenzbereichs dieses Gremiums, sollte ein entsprechender Eskalationsprozess bereits im Vertrag vereinbart werden. Ein solcher Prozess kann auch Bestandteil eines so genannten Governance Modells sein. Folgender Musterhafter Prozess wäre denkbar:

7

Bedeutung von Standards

Bestimmte in der Praxis gebräuchliche Standards haben eine bestimmte
Bedeutung oder aber nur eine vermeintliche Bedeutung.

7.1 Service Level Agreement

Der Begriff „Service Level Agreement" (SLA) ist nicht einheitlich definiert. So sollten sich die Parteien vor der Definition eines SLA sich
zunächst um Inhalt eines SLA Gedanken machen. Die IT Infrastructure Library (ITIL) versteht unter einem SLA den gesamten IT Vertrag:
inkl. rechtliche Regelungen, Leistungsbeschreibungen und Service Level
(hier SL = qualitative und quantitative Parameter/Key Performance Indikatoren (KPI). Überwiegend wird aber in der IT Branche ein Service
Level Agreement immer noch als qualitative und quantitative Parameter
(auch Leitungsniveau) der Leistungserbringung verstanden, der häufig
auch noch mit einer entsprechenden Bonus/Malus Regelungen versehen wird. Dabei erstreckt sich in der Praxis die Bonus/Malus Regelung
meist nur auf eine Pönale (Vertragsstrafe oder pauschaler Schadensersatz) für den Lieferant. Zusammenfassend kann vielleicht ein ITIL de-

© Der/die Autor(en), exklusiv lizenziert an Springer Fachmedien Wiesbaden GmbH,
ein Teil von Springer Nature 2024
T. Söbbing und D. Engel, *Professionelles Verhandeln*,
https://doi.org/10.1007/978-3-658-44274-3_7

finierter Service Level mit einem oft üblichen Begriff des SLA verglichen werden. Oft relativiert die Definition des SLA auch im täglichen Sprachgebrauch, da die nicht ITIL konformen Verwender des Begriffs SLA diesen durch Service Level abkürzen. Um diesen Sprachwirrwarr zu entzerren, kann daher nur empfohlen werden, sich auf einen einheitlichen Sprachgebrauch des Begriffs Service Level (SL)/Service Level Agreements zu einigen und dieses im Vertrag zu definieren.

7.2   ITIL

Die Qualität der IT Services in den achtziger Jahren veranlasste die britische Regierung, der CCTA (Central Computer and Telecommunications Agency, heute OGC) den Auftrag zu erteilen, ein Verfahren für den zweckmäßigen und wirtschaftlichen Einsatz von IT-Mittel in den Ministerien zu entwickeln, unabhängig von jedwedem Dienstleister. Das Ergebnis dieses Auftrags wurde in der Information Technology Infrastructure Library (ITIL) festgehalten. Nach der ITIL hat das IT Service Management drei Hauptziele:

- Die IT-Services auf die gegenwärtigen und zukünftigen Anforderungen eines Unternehmens auszurichten.
- Die Qualität der erbrachten Services zu verbessern.
- Die langfristigen Kosten der IT-Services zu senken.

Stellvertretend für alle ITIL-Prozesse lässt sich festhalten, dass es sich bei der ITIL lediglich um Empfehlungen zur Struktur und Aufbau eines IT-Service-Management handelt. Fraglich ist, ob sich bei einem Hinweis im Vertragstext auf die ITIL („auf dieses Vertragswerk findet ITIL V3.0 Anwendung") eine konkrete Leistung für einen Einzelfall, also z. B. die konkrete Umsetzung eines Incident-Management auf einen bestimmten Kunden geschuldet wird.

Hierbei ist natürlich auf den Einzelfall abzustellen, sprich, was die Parteien mit einem Verweis auf die ITIL bezweckt haben. Nach § 133 BGB ist bei der Auslegung einer Willenserklärung der wirkliche Wille zu erforschen und nicht an Buchstaben zu haften. Eine Auslegung bedeutet dabei den Sinn einer Klausel zu erforschen. Ein Vertrag (gilt somit auch für Leistungsbeschreibungen) ist dabei nach § 157 BGB so auszulegen, wie „Treu und Glauben mit Rücksicht auf die Verkehrssitte es erfordern."

Vereinbaren die Parteien die tatsächliche Erbringung eines IT Service Management nach der ITIL, („der Dienstleister erbringt seine Leistungen nach der ITIL") so lässt sich i. d. R. davon ausgehen, dass hier die Erbringung eines IT Service Management nach der ITIL auch geschuldet ist. Wie dies im Einzelfall konkret auszusehen hat, fällt mit einem lediglich einfachen Verweis auf die ITIL schwer.

Hier kann ggf. im Werkrecht bei Sachmängelansprüchen auf den Fehlerbegriff in § 633 Abs. 2 BGB zurückgegriffen werden, der eine Hierarchie der Mängel-Ebenen beinhaltet. Dabei gibt der Gesetzgeber zunächst der vereinbarten Beschaffenheit, also der entsprechenden Leistungsbeschreibung, den Vorrang. Wie aber bereits erläutert, fällt es schwer aus der ITIL eine konkrete Leistungserbringung für einen bestimmten Kunden herzuleiten. Fehlt es an der entsprechenden vereinbarten Beschaffenheit, gilt nach § 633 Abs. 2 S. 2 Nr.1 BGB, dass sich die Sache zur „nach dem Vertrag vorausgesetzten Verwendung eignet." Hierbei ist zunächst die Funktion zu bestimmen, dann die Frage der Eignung des Werkes für diese zu prüfen. Nun, hierbei ließe sich vermuten, dass der Dienstleister eher nur die Grundanforderungen der ITIL erfüllen muss, sprich gerade so die ITIL Prozesse erbringen muss, damit sie der nach dem Vertrag vorausgesetzten Verwendung entsprechen. Ansonsten ist gem. § 633 Abs. 1 S. 2 Nr.2 BGB eine Sache frei von Sachmängeln, wenn sie sich für die gewöhnliche Verwendung eignet und eine Beschaffenheit auf-weist, die bei Sachen der gleichen Art üblich ist und die der Besteller nach Art der Sache erwarten kann. Bei dieser Formulierung wäre es aus der Sicht des Kunden in einem Eskalationsfall sicherlich notwendig zu schauen, wie die ITIL Prozesse bei einem vergleichbaren Unternehmen modelliert worden sind (vgl. mit einem Benchmarking).

Ein Schadensersatzanspruch im Dienstvertragsrecht gem. §§ 611 ff. BGB lässt sich nur schwer begründen, da sich ein Schadenersatzanspruch lediglich aus § 280 Abs. 1 BGB ab-leiten lässt. Hierbei müsste der Dienstleister „falsch" oder „schlecht" beraten haben, um einen Anspruch aus § 280 Abs. 1 BGB zu begründen. Dabei müsste der Berater ein von den der Vorgaben der ITIL vorgegeben Definitionen und Richtlinien abweichen. Vorstellbar wäre dies, wenn das Incident und das Problem-Management nicht getrennt behandelt werden.

Nehmen die Parteien in der Definition lediglich den Hinweis auf: „die Parteien orientieren sich bei Ihrem Sprachgebrauch an den Empfehlungen der ITIL, wobei diese nicht die Leistungsbeschreibungen ersetzt," so ist eine solche Klausel so auszulegen, dass sie eindeutig den Hinweis gibt, dass sie gerade nicht eine Leistungsbeschreibung ersetzen soll. Dennoch sollte den Verwendern einer solchen Formulierung klar sein, dass sie von einem Richter im Streitfall als Auslegungshilfe verwendet werden kann, um unklare oder streitige Begriffe in der Leistungsbeschreibung auszulegen. Dies hätte voraussichtlich zur Folge, dass das vom Dienstleister geschuldete IT-Service Management eher einem höheren Niveau entsprechen würde.

7.3   DIN Normen

DIN-Normen sind ein unter der Aufsicht des Deutschen Instituts für Normung (DIN) erarbeiteter (freiwilliger) Standard, in dem materielle und immaterielle Gegenstände vereinheitlicht sind. DIN-Normen entstehen auf Anregung und durch die Initiative interessierter Kreise (in der Regel die deutsche Wirtschaft), wobei Übereinstimmung unter allen Beteiligten hergestellt wird. Auf internationaler Ebene erarbeitete Standards sind zum Beispiel ISO-Normen oder die europäischen Normen EN. Die Bedeutung der Abkürzung DIN als Deutsche Industrienorm ist veraltet.

Es kann durchaus Sinn machen in Verträgen auf die DIN-Normen zu verweisen, wenn diese bekannt sind und den Interessen beider Seiten entsprechen, dies macht vor allem in technischen Leistungsbeschreibungen Sinn, aber weniger in juristisch geprägten Rahmenverträgen.

8

Workshops

In den vorangegangenen Kapiteln haben Sie gelernt, was die 3-Akte-Theorie ist, wie sie funktioniert und was es dabei zu beachten gilt. Auch haben wir sie „bewaffnet" mit vielen Argumentationshilfen, um den 2. Akt zu überleben. In diesem Kapitel wollen wir die Theorie anhand von Praxisbeispielen untermauern. Der Lerneffekt ist deutlich höher, wenn Sie die nachfolgenden Übungsfälle nicht nur durchlesen, sondern sich einen Verhandlungspartner suchen, mit dem Sie die Übungsfälle konkret durchspielen. Die Übungsfälle sind so konzipiert, dass sie ohne besondere Sachkenntnisse durchgespielt werden können und erfordern mindestens eine weitere Person, die dann die Rolle Ihres Verhandlungspartners übernimmt. Einige Übungsfälle enthalten Informationen, die jeweils nur für eine der Verhandlungsparteien gedacht sind. Lesen Sie daher nur die Passage, die für Ihre Rolle bestimmt ist und Ihr Verhandlungspartner liest die Passage, die für ihn oder sie bestimmt ist. Wir empfehlen Ihnen auch die Verhandlungen mit Ihrem Handy aufzuzeichnen, um im Nachgang das eigene Verhalten und insbesondere die eigenen Argumente, Sprachen und Gestik zu analysieren.

© Der/die Autor(en), exklusiv lizenziert an Springer Fachmedien Wiesbaden GmbH, ein Teil von Springer Nature 2024
T. Söbbing und D. Engel, *Professionelles Verhandeln*,
https://doi.org/10.1007/978-3-658-44274-3_8

8.1 Brille

Unser erste Übungsfall spielt in einer Filiale der Optiker-Firma F. Kunde A hat bereits in der Vergangenheit eine Brille bei dieser Filiale gekauft, die seine Sehschwäche korrigiert. Leider ist bei dem Kauf der Brille etwas schief gegangen und der Kunde A beschwerte sich berechtigt direkt in der Filiale, aber parallel auch bei der zentralen Beschwerdestelle der Optiker-Firma F. Der Beschwerde wurde durch die Filiale abgeholfen, dennoch erhält der Kunde A zusätzlich von der Zentrale der Optiker-Firma F einen Gutschein per Post zugeschickt mit folgendem Wortlaut:

„Wenn Sie diesen Gutschein einlösen, erhalten Sie in der Filiale Ihrer Wahl eine neue Brille".

Der Gutschein enthält darüber hinaus keine weiteren Angaben. Kunde A betrit nun die Filiale, über die er sich beschwert hat, und will den Gutschein beim Filialleiter B einlösen.

8.1.1 Verhandlungspartner 1 – Kunde A

Überlegen Sie sich aus Sicht des Kunden A, was sind Ihre Argumente, um das für Sie optimale Ergebnis herauszuholen. Legen Sie Wert auf Kunststoffgläser, Lichtschutzgläser, oder hochbrechende Brillengläser mit Entspiegelung und Lotus-Effekt? Soll Ihnen die Brille sowohl in der Ferne als auch in der Nähe eine optimale Sicht ermöglichen, d. h. Sie brauchen Mehrstärkengläser? Oder soll es ein Markengestell sein? Stellen Sie aus den vorgenannten Möglichkeiten die für Sie optimalen Merkmale einer Brille zusammen.

8.1.2 Verhandlungspartner 2 – Filialleiter B

Versetzen Sie sich in den Filialleiter B. Aus Ihrer Sicht möchten Sie so wenig wie möglich für den Gutschein leisten, weil Ihre Kostenstelle belastet wird. Der Gutschein wurde zwar über die Zentrale verschickt, aber leider lautet das interne Regelwerk der Optiker-Firma, dass die jeweilige Filiale für die Kosten aufkommen muss. Bitte beachten Sie auch, dass Sie den Kunden nicht wieder verärgern und er wieder ein Beschwerdeschreiben verfasst.

8.1.3 Mögliche Lösung

Haben Sie sich Zeit genommen für den 1. Akt oder sind Sie nach kurzem „hallo" gleich zur Sache gekommen? Nehmen Sie sich Zeit für den 1. Akt und versuchen Sie herauszufinden, was Ihren Verhandlungspartner bewegt und was seine Erwartungshaltung ist. Sind Sie in der Rolle des Filialleiters B haben Sie ein großes Interesse daran einzuschätzen, welche Werte für Ihre Kunden wichtig sind, damit Sie Ihnen ein passendes Angebot unterbreiten können. Trägt ein Kunde beispielsweise Designer-Kleidung nach der neuesten Mode, ist die Wahrscheinlichkeit groß, dass sich der Kunde eher ein Modell aus der teureren Designer-Kollektion aussuchen wird. Steht für einen Kunden dagegen Funktionalität im Vordergrund, wird man diesen mit der neuesten Brillenmode eher nicht begeistern.

Im 2. Akt wird Kunde A Argumente bringen, die seine Interpretation des Gutscheins unterstützen, wie z. B., dass der Gutschein ausdrücklich wertmäßig nicht beschränkt sei, weil u. a. keine Beschränkung auf einen maximalen Geldwert genannt ist. Auch ist im Gutschein von „Brille" die Rede und nicht nur von Gläsern oder nur von einem neuen Gestell, gemeint ist also eine Brille mit Gläsern und Gestell. Im Übrigen sagt der Gutschein eindeutig „eine neue Brille". Der Wortlaut des Gutscheins gibt Kunde A ausreichend Spielraum, um seine „Wunschliste" mit Argumenten zu untermauern.

In vielen Verhandlungssituationen ist die Machtverteilung zwischen den Verhandlungspartnern nicht gleich. Sei es, weil eine Partei viel mächtiger ist, sei es, weil die Ausgangssituation für eine der Parteien schwieriger ist als für die andere. Eine Preiserhöhung lässt sich beispielsweise deutlich schwieriger argumentieren, wenn die Pünktlichkeit der Lieferungen bisher zu wünschen übrigließ.

Auch in diesem Fall ist es so, dass eine der Parteien es etwas schwieriger hat als die andere. Der Filialleiter B kann den Kunden A nicht zu sehr brüskieren, muss er doch befürchten, dass er sich erneut beschwert. Auf der anderen Seite muss er die Kosten im Blick behalten und kann dem Kunden A daher auch nicht die teuerste Brille geben. Seine Argumente könnten sein: Der Gutschein „eine Brille" bezieht sich auf eine durchschnittliche Brille, wie sie üblicherweise bei der Optikerkette F verkauft wird. Das entspricht auch dem Gesetz, das den Begriff „mittlerer Art und Güte" (§ 243 BGB) definiert. Auch kann der Preis der vom Kunden A zuvor erworbenen Brille eine Indikation sein, in welchem Kostenrahmen sich die neue Brille bewegen wird, denn nach Treu und Glauben (§§ 242, 157 BGB) kann der Kunde nicht erwarten, dass er über den Gutschein eine deutlich teurere Brille bekommt als die, die er zuvor erworben hatte.

Im 3. Akt kann der Filialleiter auch ein Potenzial für Mehrverkäufe nutzen, sodass er neben den Kosten für den Gutschein möglicherweise auch noch weiteren Umsatz generieren kann. So könnte er dem Kunden z. B. ein Standardmodell anbieten, aber gegen einen kleinen Aufpreis noch bessere Gläser verkaufen als die, die er im Moment trägt. Oder vielleicht auch noch eine Verdunkelungsfunktion der Gläser mit anbieten, sodass die neue Brille auch einen Mehrwert für den Kunden bietet.

An dieser Stelle kann man auch fragen, ob Kunde A tatsächlich einen Anspruch auf die Zusendung und Einlösung des Gutscheins hat, denn die Übersendung des Gutscheins ist ein reiner Kulanzakt der Optikerkette, zu der die Optikerkette rechtlich nicht verpflichtet war. Den Problemen, die beim Kauf der 1. Brille entstanden sind, sei es aus Verzug oder auch Schlechtleistung, wurde bereits abgeholfen, sodass sich daraus keine weiteren rechtlichen Ansprüche ergeben. Rechtlich betrachtet handelt es sich also um ein Geschenk.

8.2   Zeitarbeitsfirma

Der nächste Fall spielt sich zwischen der Personalleasinggesellschaft T und der Anwaltskanzlei F ab. Die Personalleasinggesellschaft übernimmt durch eigene Mitarbeitende in den Räumlichkeiten ihrer Kun-

den Tätigkeiten für diese Kunden. Kunden sind u. a. auch Anwalts-
kanzleien. In diesem Fall übernimmt die Mitarbeitende B der Personalleasinggesellschaft schon seit einiger Zeit den Empfangsservice für die
Anwaltskanzlei.

Der Empfangsservice ist dafür verantwortlich, dass die Mandanten
empfangen werden, zu den entsprechenden Kanzleiräumen geleitet werden und anschließend auch wieder hinausgeleitet werden. Dazu gehören auch andere kleinere Aufgaben, wie z. B. das Anbieten von Geträn-
ken, die Vorbereitung von Besprechungsräumen oder auch das Ausdru-
cken von benötigten Dokumenten.

Hierbei wird im Vertrag folgende Klausel vereinbart:

„Die AN (Personalleasinggesellschaft) erbringt ihre Leistung innerhalb
eines fest definierten Zeitraums (SLA). In der Zeit, wo die Mitarbeitende
des AN innerhalb des SLA keine Leistung erbringen, erbringt sie vom AG
definierte kleinere andere Leistungen. Auf keinen Fall dürfen durch solche kleineren Leistungen der SLA gefährdet werden."

Mitarbeitende B ist eine sehr erfahrene Kraft und besticht insbesondere
durch ihr eloquentes Auftreten und den souveränen Umgang mit Mandanten, was die Anwaltskanzlei an ihr sehr schätzt. Während Frau B den
Empfangsservice durchführt, kommt es gelegentlich auch zu Leerlauf,
also Zeiten, in denen keine Mandanten empfangen und begleitet werden müssen. Die Kanzlei stellt sich daher vor, dass die Mitarbeitende B,
sobald am Empfang nichts zu tun ist, Loseblattsammlungen, wie z. B.
Gesetzessammlungen, nachsortiert oder auch Suchanfragen im Internet erledigt. Damit die Anwaltskanzlei stets das passende Handwerks-
zeug parat hat, geben juristische Fachverlage in regelmäßigen Abständen
Nachlieferungen für ihre Loseblattsammlungen heraus. Diese Nachlieferungen variieren vom Umfang und müssen in die jeweiligen Samm-
lungen eingearbeitet werden, d. h. alte Seiten werden entnommen und
neue Seiten eingefügt. Es ist wichtig, dass dabei Seiten nicht falsch ein-
geordnet werden.

Das Nachsortieren von Loseblattsammlungen gehört nun nicht zu
den Lieblingsaufgaben der Mitarbeitenden B, auch empfindet sie die
Durchführung von Suchanfragen im Internet als unter ihrem Niveau.

Frau B ist mit ihrer Tätigkeit bei der Anwaltskanzlei sehr zufrieden. Sie liebt es, die Mandanten zu empfangen, mit ihnen ein wenig zu plaudern und hat viel Freude an ihrer Rolle als Empfangsdame. Sollte die Personalleasinggesellschaft sie jedoch auch zum Einsortieren von Nachlieferungen und Internetrecherche einsetzen, überlegt sie, sich einen anderen Arbeitgeber zu suchen.

8.2.1 Verhandlungspartner 1 – Personalleasinggesellschaft T

Entwickeln Sie aus der Sicht von T eine Strategie, wie Sie mit der oben genannten Klausel umgehen wollen. Ihr Interesse geht natürlich dahin, dass ihre Mitarbeitende B weiterhin bei der Anwaltskanzlei zum Einsatz kommt.

8.2.2 Verhandlungspartner 2 – Anwaltskanzlei F

Als Vertreter der Anwaltskanzlei möchten Sie Frau B ungern verlieren, denn sie ist das Aushängeschild der Kanzlei. Gleichzeitig müssen Sie dafür sorgen, dass die anderen kleineren Aufgaben wie Loseblattsammlungen nachsortieren und Internetrecherchen auch erledigt werden.

8.2.3 Mögliche Lösung

Der oben genannte Vertragstext gibt der Anwaltskanzlei ausreichend Grundlage, um von der Personalleasinggesellschaft die Erbringung weiterer kleinerer Leistungen zu fordern, worunter auch das Einsortieren von Loseblattsammlungen oder auch die Internetrecherche fallen. Im Vertragstext selbst ist „kleinere andere Leistungen" nicht näher definiert und bedarf daher der Auslegung. Aus Sicht der Anwaltskanzlei sind das Nachsortieren und die Internetrecherche eindeutig kleinere Leistungen, die neben der Empfangstätigkeit erbracht werden können in Zeiten, wo keine Empfangsdienste erbracht werden.

Argumente der Personalleasinggesellschaft könnten sein, dass es sich gerade nicht um kleinere Leistungen handelt, denn das Nachsortieren kann sich schon über einen längeren Zeitraum hinziehen, je nach Umfang der einzusortierenden Neuerungen. Auch erfordert das Nachsortieren der Loseblattsammlungen ein großes Maß an Sorgfalt und Konzentration, sodass sich die Personalleasinggesellschaft auf den letzten Satz berufen könnte, wonach durch das Einsortieren und die Recherche der SLA gefährdet würde, was dazu führt, dass auch wenn es sich bei den Tätigkeiten um „kleineren anderen Leistungen" handelt, diese dennoch von B nicht erbracht werden müssen.

Beide Parteien haben Argumente, die ihre jeweilige Position unterstützen. Wollen beide Parteien auch in Zukunft miteinander arbeiten, kann es nur einen Kompromiss geben oder eine andere kreative Lösung zur Beilegung des Konflikts. Beharrt die Personalleasinggesellschaft auf ihrer Position, wird das zunächst an der Erbringung der Empfangsservices nichts ändern, aber hat möglicherweise Auswirkungen auf den zukünftigen Umgang der Kanzlei mit Frau B. Und wenn die Personalleasinggesellschaft nachgibt und den Forderungen der Anwaltskanzlei nachgibt, verliert sie möglicherweise eine gute Mitarbeiterin, weil Frau B aus Unzufriedenheit kündigen wird. Die Personalleasinggesellschaft wäre daher gut beraten, wenn sie nach anderen Lösungen suchen würde, denn auch ein Kompromiss im Sinne „nur ab und zu eine Loseblattsammlung nachsortieren" oder „nur gelegentlich eine Internetrecherche" wird beide Parteien nicht zufrieden stellen.

Eine andere Lösung könnte beispielsweise sein, dass die Personalleasinggesellschaft für das Nachsortieren und für die Internetrecherche eine günstigere andere Arbeitskraft anbietet. Damit die Kosten für die Anwaltskanzlei nicht unnötig in die Höhe schießen, könnte Frau B in Zeiten von Leerlauf am Empfang möglicherweise auch noch andere Aufgaben erledigen, die ihr mehr liegen. Oder Frau B könnte den Leerlauf für sich privat nutzen und z. B. ein Buch lesen.

8.3   Outsourcing

Unser dritter Fall spielt sich ab zwischen der Bank D und ihrem IT-Dienstleister S. Bank D hatte sich entschlossen, den IT-Betrieb der Bank durch Dritte durchführen zu lassen und so übernimmt der IT-Dienstleister S neben einer Vielzahl von anderen Services auch das Storage für die Bank D. Storage umfasst dabei die Bereitstellung von Speicherlösungen durch den IT-Dienstleister, bestehend aus technischen Komponenten und permanenten Speichermedien zur Speicherung digitaler Daten der Bank D. Storage ist eine der wenigen Leistungen, von der mit ziemlicher Sicherheit gesagt werden kann, dass der Bedarf über die Zeit zunimmt, es also erwartet werden kann, dass ein Kunde mehr Daten und damit mehr Speicherbedarf benötigt.

Im Leistungsvertrag zwischen der Bank D und dem IT-Dienstleister S werden keine festen Kontingente für Storage vereinbart. S erbringt die Storage Leistungen, wie von der Bank D übernommen und die genutzten Storage Leistungen werden jeweils monatlich nach Verbrauch der Bank in Rechnung gestellt. Die D ist aber berechtigt, Leistungen aus dem Vertrag zu kündigen, aber nur nach Maßgabe folgender Regelung im Rahmenvertrag:

> „Der Auftraggeber (Bank D) ist berechtigt, Leistungen aus dem Service Vertrag zu kündigen. Tut er dies im ersten Vertragsjahr, so sind 50 % des jeweiligen Service als Ablöse fällig. Tut er dies im zweiten Vertragsjahr, so sind 25 % des jeweiligen Service fällig."

Dieser Fall spielt im zweiten Vertragsjahr. Die D kündigt nicht, aber reduziert die Leistungen im Bereich Storage auf null, bzw. auf ein absolutes Minimum (Sparbuchprinzip). D. h. die in Rechnung gestellten Beträge für das Storage sind ebenfalls sehr gering. Die Bank D und ihr IT-Dienstleister S treffen sich auf Initiative des IT-Dienstleisters zu einem Gespräch.

8.3.1 Verhandlungspartner 1 – Bank D

Grundsätzlich ist die Bank D sehr zufrieden mit den Leistungen ihres IT-Dienstleisters S. Aufgrund von Vorstandsvorgaben sah sich die Fachabteilung jedoch gezwungen, auch einen anderen IT-Dienstleister mit Leistungen zu beauftragen. In Folge wurden fast sämtliche Daten, die bisher beim IT-Dienstleister S im Rahmen der Leistung Storage gespeichert wurden, zu einem anderen IT-Dienstleister übertragen. Verteidigen Sie aus Sicht der Bank D diese Vorgehensweise.

8.3.2 Verhandlungspartner 2 – IT-Dienstleister S

Selbstverständlich ist es Ihnen als IT-Dienstleister der Bank D nicht entgangen, dass die Bank fast sämtliche gespeicherten Daten aus Ihrem Storage abgezogen hat. Sie wissen auch, dass diese Daten nicht „weg" sein können, sondern vermutlich bei einem anderen IT-Dienstleister gespeichert werden. Finden Sie daher Argumente, wie Sie sich gegen das Vorgehen der Bank D verteidigen können.

8.3.3 Mögliche Lösung

Nutzen Sie wieder den 1. Akt, um die Motivation für das Verhalten zu ergründen, insbesondere der Bank D. Bank D kann nicht verneinen, dass das Storage Kontingent signifikant geschrumpft ist. Dennoch wird Bank D argumentieren, dass sie sich vertragskonform verhält, da der Wortlaut des Vertrages keinerlei feste Kontingente vorsieht und Bank D gerade keine Kündigung ausgesprochen hat und damit die Kündigungsregelungen für das 2. Vertragsjahr nicht greifen. Die Nutzung des Storage unterliegt üblicherweise auch Schwankungen und möglicherweise wird die Bank in Zukunft wieder vermehrt das vom IT-Dienstleister S bereit gestellte Storage nutzen.

IT-Dienstleister S sieht sich auf der anderen Seite konfrontiert mit deutlich weniger Einnahmen, denen gegenüber erheblichen Ausgaben für den Unterhalt der Storage Infrastruktur stehen. Argument des IT-

Dienstleisters sollte sein, dass das Verhalten der Bank einer Kündigung gleich zu setzen ist, denn de facto war der Sinn und Zweck des Vertrages stets, dass der IT-Dienstleister über die Zeit eher mehr Storage Leistungen erbringen wird, als dass ein Schrumpfen zu erwarten wäre. Damit wäre die Bank auch verpflichtet, die im Vertrag genannte Vertragsstrafe für das vorzeitige Beenden des Vertrages zu zahlen. Nach Treu und Glauben (§§ 242, 157 BGB) durfte der IT-Dienstleister davon ausgehen, dass sich das Kontingent an Storage ungefähr in dem Umfang bewegen wird, wie der IT-Dienstleister es seinerzeit übernommen hat.

Auch in diesem Fall ist der Vertrag auslegungsbedürftig. Argumentativ wird es beiden Verhandlungspartnern im 2. Akt gelingen, Argumente für ihre jeweilige Interpretation der Vertragspassage zu übermitteln. Es ist daher sehr wahrscheinlich, dass sich Bank und IT-Dienstleister auf einen Kompromiss einigen werden, da beide weiterhin an einer langfristigen Zusammenarbeit interessiert sind. Ein möglicher Kompromiss könnte sein, und hier sind wir schon im 3. Akt, dass die Bank den IT-Dienstleister aus seiner Leistungserbringungspflicht entlässt, sodass der IT-Dienstleister die Möglichkeit bekommt, die frei gewordenen Kontingente anderen Kunden zur Verfügung zu stellen. Auch könnte die Bank ein Kompensationsgeschäft anbieten und z. B. weitere andere Leistungen an den IT-Dienstleister geben, sodass der Gesamtumsatz, den der IT-Dienstleister mit der Bank B macht, ungefähr gleichbleibt.

8.4   Irina Scherben

Der 4. und letzte Fall aus unserer Übungsreihe spielt in Potsdam im fiktiven Hans-Meier-Theater. Das Hans-Meier-Theater möchte die sehr bekannte und hoch gefeierte, aber mittlerweile etwas in die Jahre gekommene TV- und Bühnenschauspielerin Irina Scherben für eine ganze Spielzeit engagieren. Die Spielzeit des Hans-Meier-Theaters beginnt mit der ersten Premiere der Saison Anfang Oktober und endet mit dem letzten Spieltag der Saison Anfang Juli. Irina Scherben ist nicht nur ein bekanntes Gesicht in der TV- und Theaterwelt, sondern auch bekannt dafür, dass sie etwas eitel ist und gelegentlich auch als Diva bezeichnet

Abb. 8.1 Illustration Irina Scherben. (Quellenangabe: Julien Tromeur – stock. adobe.com)

wird. Die in Abb. 8.1 dargestellte Frosch-Dame hat viel Ähnlichkeit mit unserer Vorstellung von Irina Scherben.

Es gab bereits ein erstes Schnupper-Gespräch zwischen den Verhandlungspartnern. Frau Scherben übernimmt Verhandlungen mit TV-Produktionsfirmen und Theatern natürlich nicht selbst, sondern überlässt dieses ihrem Agenten. Der Agent von Frau Scherben hat in diesem ersten Gespräch durchklingen lassen, dass Frau Scherben eine Gage von 20.000 EUR pro Monat beansprucht. Die Gage sei zahlbar unabhängig davon, wie viel Plätze im Theatersaal verkauft werden. Frau Scherben sei dafür aber bereit, ausführlich Werbung für das Theater zu machen. Der Agent weist auch darauf hin, dass Frau Scherben das Umfeld ihrer Tätigkeit sehr wichtig sei und dass ihr Potsdam sehr gut gefallen würde.

Nun kommt es zu einem erneuten Treffen beider Parteien.

8.4.1 Verhandlungspartner 1 – Vertreter Hans-Meier-Theater

Das Hans-Meier-Theater in Potsdam ist zwar ein sehr engagiertes Haus, aber es steht im Schatten der großen Häuser in Berlin und kann sich eine Gage von 20.000 EUR pro Monat für Frau Scherben nicht leisten. Dem Hans-Meier-Theater steht gerade einmal ein Budget von 10.000 EUR pro Monat zur Verfügung. Auf der anderen Seite braucht das Hans-Meier-Theater unbedingt einen Star, da es sonst droht unterzugehen. Es besteht leider auch keinerlei Möglichkeit, das Budget zu erhöhen. Aber vielleicht gibt es Alternativen, wie das Theater die Anstellung Frau Scherben schmackhaft machen kann.

8.4.2 Verhandlungspartner 2 – Agent Frau Scherben

Frau Scherben steht kurz vor dem Ende ihrer Karriere und will in der kommenden Spielzeit unbedingt am Hans-Meier-Theater spielen. Sie würde im Zweifel auch für 0 EUR arbeiten, da Sie finanziell ausreichend ausgestattet ist über Werbeverträge und Sponsoring aus der Wirtschaft.

8.4.3 Mögliche Lösung

Dieser Fall mag auf den ersten Blick auf eine reine Preisverhandlung hinauslaufen (mehr dazu im Kapitel „Hauskauf"). Schafft es der Vertreter des Theaters, die gewünschte Gage herunterzuhandeln? Fokussieren Sie sich nicht nur auf den finanziellen Aspekt einer Transaktion, sondern suchen Sie auch nach Lösungsmöglichkeiten, die kosten- bzw. preisneutral sind, aber trotzdem ein Gewinn für die andere Vertragspartei sind. Seien sie kreativ!

In unseren Seminaren haben die Teilnehmenden eine Vielzahl von verschiedenen Lösungsmöglichkeiten gefunden, die im Interesse beider Parteien waren. Einig waren sich die Verhandlungspartner in der Regel sehr schnell, dass Frau Scherben das Aushängeschild des Hans-Meier-Theaters in der kommenden Spielzeit sein wird und entsprechend vermarktet wird, sei es über Plakate mit ihrem Konterfei, die in der Stadt großzügig aufgehängt werden, bis zu Beiträgen auf Social Media inklusive einer Home Story mit Frau Scherben.

Der rein monetäre Aspekt der Vereinbarung wurde in verschiedensten Finanzmodellen zur Gestaltung der Gage von Frau Scherben abgebildet: Von kleinerer fest definierter monatlicher Gage über finanzielle Beteiligung an den Einnahmen des Theaters bis zu 0 EUR Gage gab es eine Vielzahl von Lösungsvarianten.

Neben diesen auf den ersten Blick naheliegenden Lösungen wurden auch noch folgende weitere Lösungsmöglichkeiten gefunden. Weil Frau Scherben etwas eitel ist, kann das Theater mit kleinen Aufmerksamkeiten punkten, wie z. B.

- eine persönliche Garderobe mit frischen Blumen
- Nutzung vorhandenen Personals, um sinnbildlich den roten Teppich für Frau Scherben auszurollen, wozu ein Fahrer, der Frau Scherben zum Theater und nach Hause chauffiert gehört oder auch ein persönlicher Assistent.
- Auch ein Mentorship-Programm für junge Talente kann Frau Scherben schmeicheln.
- Als erfahrene Schauspielerin kann ihr reicher Erfahrungsschatz auch hilfreich sein, um das Theater weiter zu verbessern.
- Vielleicht besteht auch die Möglichkeit, Frau Scherben in die zukünftigen Produktionen mit einzubinden, was auch ein Gewinn für das Theater wäre.
- Ein Meet & Greet mit Fans in der Pause im Backstage Bereich kann weitere Zusatz-Einnahmen generieren.
- Für besonders interessierte Gäste kann ein Plauderabend mit Frau Scherben im Theater angeboten werden, wo die kleine Bühne genutzt wird, damit Frau Scherben aus ihrem Leben plaudern kann und Fragen der Gäste beantworten kann.
- Damit Frau Scherben sich schnell in Potsdam heimisch fühlt, werden ortsansässige Mitarbeitende und das Netzwerk des Theaters bemüht, eine schöne Bleibe für Frau Scherben zu finden.
- Über Frau Scherbens Verbindungen in die Fernsehwelt wird eine Reportage am Hans-Meier-Theater in Potsdam initiiert
- Das lokale Radioprogramm nimmt einen Podcast mit Frau Scherben auf, der Frau Scherben in den Mittelpunkt stellt.

Ihnen fallen sicherlich noch viele weitere Lösungsmöglichkeiten für diesen Fall ein.

Dieser Fall findet im Grunde nur im dritten Akt statt und ist ein wunderschönes Beispiel wie man kreative Lösungen finden kann, die nichts mit Geld zu tun haben.

Wenn Sie diesen Fall mit einer anderen Person durchgespielt haben, wie haben Sie sich beim Verhandeln gefühlt? War das Gefühl ein anderes als z. B. beim ersten Fall?

8.5   Fazit

Nach unserer Erfahrung empfinden Teilnehmende die ersten Übungsfälle in der Regel als sehr konfrontativ. Es wird eher hart in der Sache verhandelt, während das Verhältnis zwischen den Parteien im letzten Übungsfall fast schon als gemeinschaftlich und als sehr positiv bezeichnet wird. Verhandeln macht auf einmal Spaß! Wieso ist das so?

Zunächst haben beide Parteien den Willen, eine für beide Seiten gute Lösung herbeizuführen. Darüber hinaus suchen beide Parteien nach kreativen Ideen, um dem Verhandlungspartner Alternativen anbieten zu können, und zwar außerhalb des rein Finanziellen. Versuchen Sie daher in Ihren zukünftigen Verhandlungen ebenfalls kreativ zu sein. Nutzen Sie den 1. Akt, um möglichst viel über die Interessen und Beweggründe Ihrer Verhandlungspartner zu erfahren. „Billiger" ist eine zu einfache Antwort und für einen guten Verhandler viel zu simpel.

9

Schlussworte

Dieses Buch ist ein kleines kompaktes Werk zum Thema Vertragsverhandlungen. Kein Werk über Kommunikation, was man sonst so findet oder ein Werk, das versucht, das Vorgehen bei Extremsituation, wie z. B. Entführungen auf Vertragsverhandlungen zu übertragen. Wir glauben, dass man beides in der täglichen Praxis nicht braucht.

Man kann sehr viele Seminare und Vorlesungen zum Thema Vertragsverhandlungen, Vertrags- und Claim Management besuchen. Die Praxis zeigt aber immer wieder, dass vieles in der Praxis dann doch anders verläuft. Daher sollte man sich immer gut auf jede Verhandlung vorbereiten und das Gelernte in seinen Instinkten umsetzen. Die sind meist gar nicht so schlecht!

Wenn Sie nun Lust auf ein Seminar mit uns haben, melden Sie sich doch unter tsoebbing@web.de oder dorothea.engel@outlook.de (Abb. 9.1 und 9.2).

© Der/die Autor(en), exklusiv lizenziert an Springer Fachmedien Wiesbaden GmbH, ein Teil von Springer Nature 2024
T. Söbbing und D. Engel, *Professionelles Verhandeln*,
https://doi.org/10.1007/978-3-658-44274-3_9

Abb. 9.1   Foto Prof. Thomas Söbbing. (Quellenangabe: PicturePeople GmbH)

Abb. 9.2   Dorothea Engel. (Quellenangabe: Photographie Schmidt & Gottes-mann, Wrexen)

Anmerkungen

1. https://www.adac.de/rund-ums-fahrzeug/auto-kaufen-verkaufen/gebrauchtwagenkauf/kfz-kaufvertrag/, abgerufen am 19.9.2023
2. https://de.statista.com/statistik/daten/studie/245914/umfrage/kosten-des-flughafens-berlin-brandenburg/, abgerufen am 19.9.2023
3. https://www.spiegel.de/politik/vergoldete-kontrollbruecken-a-74161d95-0002-0001-0000-000145101319?context=issue; abgerufen am 27.9.2023
4. Large Infrastructure Projects in Germany Between Ambition and Realities By Genia Kostka and Niklas Anzinger Hertie School of Governance | May 2015; https://www.hertie-school.org/fileadmin/2_Research/2_Research_directory/Research_projects/Large_infrastructure_projects_in_Germany_Between_ambition_and_realities/1_WP_Cross-SectoralAnalysis.pdf
5. Die Akte Scholz: Der Kanzler, das Geld und die Macht S. 56 Oliver Schröm/Oliver Hollenstein 3. Edition (11. Oktober 2022)
6. Large Infrastructure Projects in Germany Between Ambition and Realities By Genia Kostka and Niklas Anzinger Hertie School of Governance | May 2015 https://www.hertie-school.org/fileadmin/2_Research/2_Research_directory/Research_projects/Large_in-

© Der/die Herausgeber bzw. der/die Autor(en), exklusiv lizenziert an Springer Fachmedien Wiesbaden GmbH, ein Teil von Springer Nature 2024
T. Söbbing und D. Engel, *Professionelles Verhandeln*,
https://doi.org/10.1007/978-3-658-44274-3

frastructure_projects_in_Germany_Between_ambition_and_realities/1_WP_Cross-SectoralAnalysis.pdf

7. Wir meinen damit nicht, wie man eine Powerpoint Präsentation erstellt.

8. *Colin Gray:* War, Peace and International Relations – An Introduction to Strategic History. Routledge, Oxon 2007, S. 284.

9. *Carl von Clausewitz,* Vom Kriege, S. 23.

10. *Oetinger, Bolko v./Ghyczy, Thia v./Bassford, Christopher:* Clausewitz – Strategie denken, dtv-Verlag, 2. Auflage, München 2003, S. 64.

11. *Mintzberg/Quinn* 1991; The Strategy Process, Prentice Hall, Hemel Hempstead

12. Im Allgemeinen erwartet man von einem Profi eine formale Qualifikation und eine höhere Leistung als von einem Amateur. Aber es ist gerade gut, dass man kein konkretes Bild von einem Profi hat, sondern der Profi ein Ideal ist, was man täglich anstreben kann, aber niemals vollständig erreichen wird. Man kann es vielleicht als frustrierend ansehen, wenn man das Ideal eines Profis nicht erreicht, aber i. d. R. ist es doch so, dass wenn man ein Ideal ererreicht, eses auch sehr langweilig für einen wird und dann ist es auch kein Ideal mehr für einen selbst.

13. Lee Strasberg: „Definition of Acting". [Auszug aus Encyclopedia Britannica]. New York: The Lee Strasberg Creative Center o. J., S. 1.

14. Lee Strasberg: „Definition of Acting". [Auszug aus Encyclopedia Britannica]. New York: The Lee Strasberg Creative Center o. J., S. 14.

15. Sabine Mühlisch: Fragen der Körpersprache: Antworten zur nonverbalen Kommunikation. Junfermann Verlag, 2006, ISBN 3-87387-662-0.

16. BGH vom 19.07.2018 – AZ:VII ZR 19/18.

17. BVerfG 1, 312; 10, 244; 133, 1568.

18. *Hoeren* IT Recht Skript, Stand Feburar 2010, S. 145.

19. BGH, 21.11.1989 – VI ZR 350/88 = NJW 1990, 908; MDR 1990, 531; VersR 1990, 204; WM 1990, 564; BB 1990, 445.

20. *Brox/Walker* Schuldrecht AT, 36. Auflage 2012, Rn. 585.

21. *Schellhammer,* Schuldrecht nach Anspruchsgrundlagen, 8. Auflage 2011, Rn. 1710.

22. BGH, 06.05.1981 – IVa ZR 170/80 = BGHZ 80, 269; NJW 1981, 1729; MDR 1981, 735; BGH, 09.06.1982 – IVa ZR 9/81 = BGHZ 84, 244; NJW 1982, 2238; ZIP 1982, 1214; MDR 1982, 915; VersR 1982, 850; BGH, 13.12.1991 – LwZR 5/91 = BGHZ 116, 334; NJW 1992, 1036; MDR 1992, 371; ZMR 1992, 140; WM 1992, 831; BGH, 05.10.1989 – III ZR 126/88 = NJW 1990, 1230; MDR 1990, 416; VersR 1990, 207; WM 1990, 438.

23. *Schellhammer,* Schuldrecht nach Anspruchsgrundlagen, 8. Auflage 2011, Rn. 1711.

24. Insb. gesetzliche Vertreter wie Mitarbeiter, Erfüllungsgehilfen, aber auch Subunternehmer; Palandt *Heinrichs,* 67. Auflage 2008, § 278 Rn. 4.

25. *Dauner-Lieb* in Dauner-Lieb/Langen, BGB Schuldrecht Band 2/1, 2. Auflage 2012, § 276 Rn. 10.; Grundmann in Münchener Kommentar BGB Bd. 2: Schuldrecht Allgemeiner Teil (§§ 241–432), 5. Auflage 2007, § 276 Rn. 150–163.

26. *Schellhammer,* Schuldrecht nach Anspruchsgrundlagen, 8. Auflage 2011, Rn. 1711.

27. *Dauner-Lieb* in Dauner-Lieb/Langen, BGB Schuldrecht Band 2/1, 2. Auflage 2012.

28. *Brox/Walker* Schuldrecht AT, 36. Auflage 2012, Rn. 306.

29. BGH, 12.05.1992 – VI ZR 257/91 = BGHZ 118, 201; NJW 1992, 2014; NJW-RR 1992, 1117 (Ls.); ZIP 1992, 847; MDR 1992, 751; VersR 1992, 1006; WM 1992, 1379; BB 1992, 1379; BB 1992, 379; DB 1992, 1775; Rpfleger 1992, 529; BGH, 10.07.1984 – VI ZR 222/82 = NJW 1985, 134; MDR 1985, 219; VersR 1984, 1071; WM 1984, 1433; BauR 1984, 658; ZfBR 1984, 276; ZfBR 1987, 196.

30. *Schellhammer,* Schuldrecht nach Anspruchsgrundlagen, 8. Auflage 2011, Rn. 1713.

31. *Dauner-Lieb* in Dauner-Lieb/Langen, BGB Schuldrecht Band 2/1, 2. Auflage 2012, § 276 Rn. 10.

32. Palandt *Grüneberg,* BGB, 72. Auflage 2013, § 276 Rn. 10.
33. BGH, 30.05.1972 – VI ZR 6/71; 89, 303 = BGHZ 59, 30; NJW 1972, 1366; GRUR 1973, 90; VersR 1972, 938; BB 1972, 857; DB 1972, 1530; BGH, 18.04.1974 – KZR 6/73 = NJW 1974, 1903; BGH, 14.06.1994 – XI ZR 210/93 = NJW 1994, 2754; ZIP 1994, 1350; MDR 1994, 1204; VersR 1994, 1349; WM 1994, 1613; BB 1994, 1812; DB 1994, 1819; BGH, 04.07.2001 – VIII ZR 279/00 = NJW 2001, 3114; MDR 2001, 1293; WM 2001, 2012.
34. BGH, 10.07.1984 – VI ZR 222/82 = NJW 1985, 134; MDR 1985, 219; VersR 1984, 1071; WM 1984, 1433; BauR 1984, 658; ZfBR 1984, 276; ZfBR 1987, 196; BGH, 14.06.1994 – XI ZR 210/93 = NJW 1994, 2754; ZIP 1994, 1350; MDR 1994, 1204; VersR 1994, 1349; WM 1994, 1613; BB 1994, 1812; DB 1994, 1819; BGH, 04.07.2001 – VIII ZR 279/00 = NJW 2001, 3114; MDR 2001, 1293; WM 2001, 2012.
35. BGH, 15.05.1979 – VI ZR 230/76 = BGHZ 74, 281; NJW 1979, 1882; VersR 1979, 769.
36. Palandt *Heinrichs,* 67. Auflage 2008, § 276 Rn. 35.
37. *Schellhammer,* Schuldrecht nach Anspruchsgrundlagen, 8. Auflage 2011, Rn. 1714.
38. BGH, 11.05.1953 – IV ZR 170/52 = BGHZ 10, 14; NJW 1953, 1139, BGH, 05.10.1973 – V ZR 163/71 = NJW 1973, 2207; VersR 1974, 169.
39. BGH, 19.01.1984 – VII ZR 220/82 = BGHZ 89, 363; NJW 1984, 1350; ZIP 1984, 457; MDR 1984, 482; BB 1984, 746; BGH, 23.02.1984 – VII ZR 274/82 = NJW 1985, 3016; ZIP 1984, 971; MDR 1984, 1018; WM 1984, 1224; BB 1984, 939; ZfBR 1990, 134; ZfBR 1991, 20.
40. BGH, 08.10.1991 – XI ZR 238/90 = NJW 1992, 316; ZIP 1991, 1477; MDR 1992, 369; WM 1991, 1946; DB 1991, 2478; BGH, 29.09.1992 – XI ZR 265/91 = NJW 1992, 3235; ZIP 1992, 1534; MDR 1993, 41; VersR 1993, 105; WM 1992, 1849; DB 1992, 2543.
41. BGH, 06.05.1985 – II ZR 162/84 = VersR 1985, 730, 731.

42. BGH, 12.01.1988 – VI ZR 158/87 = NJW 1988, 1265; NJW-RR 1988, 657 (Ls.); MDR 1988, 488; NZV 1988, 19; VersR 1988, 474; ZfBR 1989, 68.
43. *Brox/Walker* Schuldrecht AT, 36. Auflage 2012, Rn. 311.
44. Zur Höhe und Möglichkeit der Haftungsbegrenzung siehe Kapitel D. Rn. (x)
45. *Brox/Walker* Schuldrecht AT, 36. Auflage Rn. 315.
46. *Auer-Reinsdorff* Haftungsregelungen für Folgeschäden in IT-Projekten ITRB 2006, 181.
47. BGH, 18.12.1981 – V ZR 233/80 = BGHZ 82, 398; NJW 1982, 759; MDR 1982, 394; DNotZ 1982, 433 (Ls.); BGH, 23.06.1988 – VII ZR 117/87 = BGHZ 105, 24; NJW 1988, 2536; NJW-RR 1988, 1296 (Ls.); ZIP 1988, 1126; MDR 1988, 953; WM 1988, 1569; BB 1988, 1916; DB 1988, 2246; BauR 1988, 588; ZfBR 1993, 23; ZfBR 1988, 272; BGH, 29.11.2006 – VIII ZR 92/06 = BGHZ 170, 86; NJW 2007, 1346; ZIP 2007, 583; MDR 2007, 642; DNotZ 2007, 524; NZV 2007, 197 (Ls.); VersR 2007, 694; WM 2007, 616; MMR 2007, 311; BB 2007, 573; OLG Koblenz, 01.04.2004–5 U 1385/03 = NJW 2004, 1670; MDR 2004, 1182; NZV 2005, 100; DB 2004, 1037.
48. Palandt *Heinrichs,* 72. Auflage 2013, § 276 Rn. 29.
49. Palandt *Putzo,* 72. Auflage 2013, § 443 Rn. 11.
50. *Schneider,* Handbuch des EDV-Rechts, 3. Aufl. 2003, D Rn. 1443.
51. *Lapp* ITRB 2003, 42 (43).
52. *Stadler* ITRB 2004, 233.
53. So etwa *Haas* in Haas/Medicus/Rolland/Schäfer/Wendtland, Das neue Schuldrecht, 2002, Rn. 415; Palandt *Putzo,* 72. Auflage 2013, § 443 Rz. 15, 23 und § 438 Rz. 2, 20, Arg.: Wortlaut in § 438 BGB *„in § 437 Nr. 1 und 3 bezeichnete Ansprüche".*
54. Zu Fragen der Verjährung s. a. *Bamberger/Roth-Faust,* BGB, 1. Auflage 2008, § 443 Rn. 31 m.w.N.
55. *Büchting/Heussen* Beckisches Rechtsanwalthandbuch, 8. Auflage 2007, C.13 deliktische Haftung Rn.15–18.
56. BGH, 09.11.1993 – VI ZR 62/93 = BGHZ 124, 52; NJW 1994, 127; NJW-RR 1994, 286 (Ls.); MDR 1994, 140; FamRZ 1994, 154; VersR 1994, 55; JR 1995, 21.

57. *Büchting/Heussen* Beckisches Rechtsanwalthandbuch, 8. Auflage 2007, C.13 deliktische Haftung Rn.15–18.

58. BGH, 01.12.1999 – I ZR 49/97 = BGHZ 143, 214; NJW 2000, 2195; NJW-RR 2000, 1211 (Ls.); MDR 2000, 1147; GRUR 2000, 709; FamRZ 2000, 1080; VersR 2000, 1154; WM 2000, 1449; ZUM 2000, 582; afp 2000, 356.

59. BVerfG, 08.03.2000–1 BvR 1127/96 = NJW 2000, 2187; MDR 2000, 829; FamRZ 2000, 943; VersR 2000, 897; VersR 2000, 1114; ZUM 2000, 947; BGH, 15.11.1994 – VI ZR 56/94 = BGHZ 128, 1; NJW 1995, 861; MDR 1995, 804; GRUR 1995, 224; VersR 1995, 305; WM 1995, 542; DB 1995, 1607; afp 1995, 411.

60. BGH, 12.12.1995 – VI ZR 223/94 = NJW 1996, 985; MDR 1996, 365; GRUR 1996, 227; VersR 1996, 341; ZUM 1996, 243; afp 1996, 138.

61. Palandt *Thomas,* 67. Auflage 2008, § 823 Rn. 4.

62. BGH, 11.01.1972 – VI ZR 46/71 = BGHZ 58, 48; BGHZ 58, 487; NJW 1972, 1126; MDR 1972, 406; VersR 1972, 372; DB 1972, 433; JR 1972, 242; BGH, 30.04.1991 – VI ZR 178/90 = BGHZ 114, 284; NJW 1991, 1948; MDR 1991, 728; FamRZ 1991, 918; VersR 1991, 816.

63. *Büchting/Heussen* Beckisches Rechtsanwalthandbuch C.13 deliktische Haftung Rn.15–18.

64. Ein übertrag- und vererbbarer Schmerzensgeldanspruch setzt voraus, dass der Getötete die ihm zugefügten Verletzungen empfunden hat. Der Sterbevorgang darf wegen der Kürze der Zeit zwischen Schadensereignis und Tod nicht derart im Vordergrund stehen, dass eine immaterielle Beeinträchtigung durch die Körperverletzung als solche nicht fassbar ist und folglich die Billigkeit hierfür keinen Ausgleich in Geld gebietet, so BGH, 12.05.1998 – VI ZR 182/97 = BGHZ 138, 388; NJW 1998, 2741; ZIP 1998, 1272; MDR 1998, 1029; NZV 1998, 370; NJ 1999, 35; VersR 1998, 1034; DB 1998, 2321 (Ls.), ebenso KG, 30.10.2000–12 U 5120/99 = NZV 2002, 38.

65. Siehe auch *Büchting/Heussen* Beckisches Rechtsanwalthandbuch, 8. Auflage 2007, C.13 deliktische Haftung Rn.15–18.

66. BGH, 14.01.1992 – VI ZR 120/91 = NJW 1992, 1043; NJW-RR 1992, 1182 (Ls.); MDR 1992, 349; ZMR 1992, 189; VersR 1992, 504; DB 1992, 1237.
67. BGH, 01.10.1985 – VI ZR 19/84 = NJW 1986, 1541; NJW-RR 1986, 702 (Ls.); VersR 1986, 183.
68. Palandt *Heinrichs,* 67. Auflage 2008, § 249 Rn. 8.
69. *Späte* Kommentar zu den Allgemeinen Versicherungsbedingungen für die Haftpflichtversicherung, 1. Auflage 1993, § 1 AHB Rn. 49.
70. Pröless/Martin *Pröless* Versicherungsvertragsgesetz, 28 Auflage 2010, § 1 AHB Rn. 15.
71. *Brox/Walker* Schuldrecht AT, 36. Auflage 2012, Rn. 617.
72. Die Rspr. bejaht solche Unverhältnismäßigkeit regelmäßig, wenn die Reparaturkosten den Wiederbeschaffungswert um mindestens 30 % übersteigen. BGH, 15.10.1991 – VI ZR 314/90 = BGHZ 115, 364; NJW 1992, 302; MDR 1992, 131; NZV 1992, 66; VersR 1992, 61; BB 1992, 20; DB 1992, 209.
73. Dies nimmt die Rspr. regelmäßig bis 1000 km Fahrleistung an, vgl. BGH, 29.03.1983 – VI ZR 157/81 = VersR 1983, 658.
74. Palandt *Heinrichs,* 67. Auflage 2008, § 249 Rn. 23.
75. *Brox/Walker* Schuldrecht AT, 36. Auflage 2012, Rn. 621.
76. BGH, 06.11.1986 – VII ZR 97/85 = BGHZ 99, 81; BGHZ 99, 82; NJW 1987, 645; NJW 1987, 3097; NJW-RR 1987, 337 (Ls.); MDR 1987, 309; WM 1987, 260; BB 1987, 365; DB 1987, 529; BauR 1987, 89; ZfBR 1993, 231; ZfBR 1992, 25; ZfBR 1990, 184; ZfBR 1987, 93; BGH, 20.06.1989 – VI ZR 334/88 = NJW 1989, 3009; NJW-RR 1990, 37 (Ls.); MDR 1990, 41; NZV 1989, 465; VersR 1989, 1056; BB 1989, 1719; BGH, 30.06.1997 – II ZR 186/96 = NJW 1997, 2879; MDR 1997, 938; MDR 1997, 948; VersR 1997, 1287; WM 1997, 1813; BB 1997, 2187; BauR 1997, 866; IBR 1997, 456.
77. *Grunsky* NJW 1983, 2465.
78. Vgl. Kapitel C. Das Outsourcing-Projekt Rn. (RM Versicherung)
79. *Martin,* Sachversicherungsrecht, 3. Auflage 1992, Abschnitt B III Rn. 4.
80. *Jauernig* Kommentar zum BGB, 7. Auflage 2010, vor §§ 249–253 Rn. 3.

81. BGH, 06.06.1997 – V ZR 115/96 = BGHZ 136, 52; NJW 1997, 2378; ZIP 1997, 1378; MDR 1997, 924; DNotZ 1998, 60; WM 1997, 1671; BB 1997, 1657; DB 1997, 2018.

82. Krit. *Schermaier* JZ 98, 857.

83. Palandt *Heinrichs,* 67. Auflage 2008, vorb § 249 Rn. 8, 9.; *Jauernig* Kommentar zum BGB, 7. Auflage 2010, vor §§ 249–253 Rn. 5.

84. *Schellhammer,* Schuldrecht nach Anspruchsgrundlagen, 8. Auflage 2011, Rn. 1269.

85. BGH, 18.07.2008 – V ZR 71/07 = NJW 2008, 3059; MDR 2008, 1263; NZM 2008, 819; WM 2008, 1798; IMR 2008, 357.

86. BGH, 24.11.1995 – V ZR 88/95 = BGHZ 131, 220; NJW 1996, 921; ZIP 1996, 281; MDR 1996, 1112; DNotZ 1996, 441; WM 1996, 599; BB 1996, 658; DB 1996, 1514; JR 1996, 455

87. *Schellhammer,* Schuldrecht nach Anspruchsgrundlagen, 8. Auflage 2011, Rn. 1308.

88. BGH, 13.05.1953 – VI ZR 5/52 = BGHZ 10, 6; NJW 1953, 977; BGH, 14.03.1985 – IX ZR 26/84 Verdienstausfall = NJW 1986, 1329; NJW-RR 1986, 650 (Ls.); ZIP 1985, 1143; MDR 1985, 577; WM 1985, 666; BGH, 09.04.1991 – XI ZR 136/90 Steuerliche Mehrbelastung = NJW 1991, 1881; NJW-RR 1991, 1398 (Ls.); ZIP 1991, 644; MDR 1991, 761; VersR 1991, 888; WM 1991, 890; BB 1991, 2181; DB 1991, 1621.

89. BGH 82, 121; 95, 39; 104, 337; NJW 93, 1386.

90. BGH, 26.09.1997 – V ZR 29/96 = NJW 1998, 302; ZIP 1998, 154; MDR 1998, 25; DNotZ 1998, 349; NZM 1998, 167 (Ls.); ZMR 1998, 79; VersR 1998, 905; WM 1997, 2309; BB 1997, 2553; IBR 1998, 124; BauR 1998, 196 (Ls.).

91. Begründung   zum   Schuldrechtsmodernisierungsgesetz,   BTDr 14/6040, 224

92. Siehe *Graf v. Westphalen,* DB 2001, 799, 802.

93. *Koch* Computer-Vertragsrecht, 6. Auflage 2002, Rn. 1346

94. *Boerner,* ZIP 2001, 2264, 2272

95. Begründung   zum   Schuldrechtsmodernisierungsgesetz,   BTDr 14/6040, 224

96. *Schellhammer,* Schuldrecht nach Anspruchsgrundlagen, 8. Auflage 2011, Rn. 1269.

97.   BGH,   05.07.1978 – VIII   ZR   172/77 = NJW   1978,   2241;
      MDR 1979, 133; WM 1978, 1172; BB 1978, 1491; DB 1978,
      1878; JR 1979, 199.

98.   Palandt *Heinrichs,* 67. Auflage 2008, § 276 Rn. 110

99.   *Schellhammer,* Schuldrecht nach Anspruchsgrundlagen, 8. Auf-
      lage 2011, Rn. 1269.

100. Begründung   zum   Schuldrechtsmodernisierungsgesetz,   BTDr
      14/6040, 224, 224: Anspruch bereits aus § 280 I BGB nF, un-
      abhängig von Verzugsvoraussetzungen des § 281 Abs. 1 BGB
      nF einschließlich Anspruch auf Ersatz von Rechtsverfolgungs-
      kosten.

101. Begründung   zum   Schuldrechtsmodernisierungsgesetz,   BTDr
      14/6040, 224, 224

102. *Koch* Computer-Vertragsrecht, 6. Auflage 2002, Rn. 1347.

103. *Funk/Wenn,* CR 2004, 481

104. Zur Wirksamkeit derartiger Haftungsausschlüsse nach Maßgabe
      des Uniform Commercial Codes s. z. B. M.A: Mortenson v.
      Timberline Software Corporation, Supreme Court of Washing-
      ton (140 Wash. 2.d. 568, 998 P.2d 305).

105. *Oetker* in Müko/BGB, 4. Auflage, § 249 Rn. 97.

106. Siehe auch Schiemann in Staudinger, BGB 13. Bearb., Vor-
      bemerkung zu §§ 249 ff.; *Oetker* in Müko/BGB, 4. Auflage, §
      249 Rn. 94.

107. *Funk/Wenn,* CR 2004, 484.

108. Vgl. BGH, Urt. v. 30.9.1957 – III ZR 76/56, BGHZ 25,
      340 ff.; Urt. V. 8.12.1981 – VI ZR 153/80, MDR 1982,
      398 = NJW 1982, 827 (829 f.); OLG Düsseldorf, Urt. V.
      18.2.2002–1 U 91/01, Schaden-Praxis 2002, 245 ff.

109. Zur Begründung dieses Begriffverständnisses verweist die
      Rechtsprechung insbesondere auf eine (angeblich) ent-
      sprechende Verwendung dieser Begriffe in der allgemeinen
      Rechtssprache; siehe Funk/Wenn, CR 2004, 484.

110. Vgl. die Definition des mittelbaren Schadens im Münche-
      ner Rechts-Lexikon, München 1997, Stichwort „Mittelbaren
      Schaden"; BGH Urt. V. 11.12.2002 – IV ZR 226/01, MDR

2003,389 = BGH Report 2003, 319 = NJW 2003, 826 (828); *Oetker* in MünchKomm/BGB, 4. Auflage 2000, § 249 Rn. 96.

111. *Funk/Wenn* CR 2004, 484.

112. *Peters* in Staudinger, BGB 13. Bearb. § 635 (a.F.) Rn. 55.

113. BGH, 18.02.2002 – II ZR 355/00 = NJW 2002, 2553; ZIP 2002, 895; ZIP 2002, 859; MDR 2002, 820; WM 2002, 909; DB 2002, 999; *Soergel* in MünchKomm/BGB, 4. Auflage 2000, § 635 (a.F.) Rn. 33.

114. *Honsell* in Staudinger, BGB 13. Bearb. § 463 (a.F.) Rn. 48 ff.; *Soergel* in MünchKomm/BGB, 4. Auflage 2000, § 635 (a.F.) Rn. 39 m.w.N.

115. *Peters* in Staudinger, BGB 13. Bearb. § 635 (a.F.) Rn. 55.

116. BGH, 08.06.1994 – VIII ZR 103/93 = NJW 1994, 2228; MDR 1994, 888; VersR 1994, 1360; WM 1994, 1720; DB 1994, 2073; BauR 1994, 639; ZfBR 1994, 215; IBR 1995, 39.

117. BGH, 02.07.1992 – I ZR 181/90 = NJW-RR 1992, 1386; MDR 1993, 225; VersR 1992, 1395; WM 1992, 2026; BB 1992, 1956; DB 1992, 2495; BGH, 09.06.1993 – VIII ZR 205/92 = CR 1994, 347; NJW-RR 1993, 1203; *Mayer-Maly* in MünchKomm/BGB, 4. Auflage 2000, § 157 Rn. 6. ff.

118. *Funk/Wenn,* CR 2004, 485.

119. BGH, 08.06.1994 – VIII ZR 103/93 = NJW 1994, 2228; MDR 1994, 888; VersR 1994, 1360; WM 1994, 1720; DB 1994, 2073; BauR 1994, 639; ZfBR 1994, 215; IBR 1995, 39.

120. *Auer-Reinsdorff* Haftungsregelungen für Folgeschäden in IT-Projekten ITRB 2006, 181.

121. Palandt *Grüneberg,* BGB, 72. Auflage 2013, § 276 Rn. 2.

122. BGH, 11.07.1972 – VI ZR 86/71 = NJW 1972, 1808; MDR 1972, 1023; VersR 1972, 1074.

123. *Schellhammer,* Schuldrecht nach Anspruchsgrundlagen, 5. Auflage 2003, Rn. 1280.

124. BGH, 22.02.1989 – VIII ZR 45/88 = BGHZ 107, 67; NJW 1989, 1669; NJW-RR 1989, 1073 (Ls.); ZIP 1989, 450; MDR 1989, 628; WM 1989, 645; BB 1989, 798; DB 1989, 973; BGH, 08.10.1991 – XI ZR 259/90 = BGHZ 115, 268; NJW 1992, 109; ZIP 1991, 1479; MDR 1992, 151; WM 1991,

1983; BB 1991, 2396; DB 1992, 473; BGH, 29.06.1994 –
VIII ZR 317/93 = BGHZ 126, 305; NJW 1994, 2478; ZIP
1994, 1362; MDR 1994, 1085; WM 1994, 1632; BB 1994,
2029; DB 1994, 2184; BGH, 02.12.1994 – V ZR 193/93
nicht Grundstücksgeschäft = NJW 1995, 587; NJW-RR 1995,
848 (Ls.); ZIP 1995, 220; MDR 1995, 462; DNotZ 1995,
393; WM 1995, 339; WM 1995, 123; BB 1995, 588; DB
1995, 521; ZfBR 1995, 81; IBR 1995, 183; BGH, 03.05.1995
– XI ZR 195/94 = NJW 1995, 1954; ZIP 1995, 909; MDR
1995, 705; WM 1995, 1055; BB 1995, 1508; DB 1995, 1509.

125. BGH, 29.06.1994 – VIII ZR 317/93 = BGHZ 126, 305; NJW
1994, 2478; ZIP 1994, 1362; MDR 1994, 1085; WM 1994,
1632; BB 1994, 2029; DB 1994, 2184; BGH, 22.12.1999 –
VIII ZR 135/99 = NJW 2000, 1409; ZIP 2000, 892; MDR
2000, 511; WM 2000, 537; BB 2000, 1110; DB 2000, 1505.

126. BGH, 02.03.1988 – VIII ZR 380/86 = NJW 1988, 2234;
NJW-RR 1988, 1182 (Ls.); ZIP 1988, 505; MDR 1988, 668;
WM 1988, 781; BB 1988, 929; DB 1988, 1060M; BGH,
29.06.1994 – VIII ZR 317/93 = BGHZ 126, 305; NJW 1994,
2478; ZIP 1994, 1362; MDR 1994, 1085; WM 1994, 1632;
BB 1994, 2029; DB 1994, 2184; BGH, 22.12.1999 – VIII ZR
135/99 = NJW 2000, 1409; ZIP 2000, 892; MDR 2000, 511;
WM 2000, 537; BB 2000, 1110; DB 2000, 1505.

127. BGH, 02.03.1988 – VIII ZR 380/86 = NJW 1988, 2234;
NJW-RR 1988, 1182 (Ls.); ZIP 1988, 505; MDR 1988, 668;
WM 1988, 781; BB 1988, 929; DB 1988, 1060M;

128. OLG Stuttgart VersR 68, 1074.

129. Vgl. *Schellhammer,* Schuldrecht nach Anspruchsgrundlagen, 5.
Auflage 2003, Rn. 1642.

130. BGH, 27.04.1953 – III ZR 200/51 = BGHZ 9, 295; NJW
1953, 979; Palandt *Heinrichs,* 72. Auflage 2013, § 276 Rn 35.

131. *Fritzemeyer* in Lehmann/Meents Handbuch des Fachanwalts
Informationstechnologie, 2. Auflage 2011, Kap. 2 Rn. 70.

132. *Schellhammer,* Schuldrecht nach Anspruchsgrundlagen, 5. Auflage 2003, Rn. 1642.

133. *Jauernig* Kommentar zum BGB, 7. Auflage 2010, § 276 Rn 4.

134. *Brox/Walker* Schuldrecht AT, 36. Auflage 2012, Rn. 306.
135. Zwingend sind insbesondere die (noch immer nicht seltenen) Vorschriften außerhalb des BGB, welche die Preise von Waren oder Diensteistungen binden: meist als Höchstpreise, mitunter aber auch als Mindest- oder Festpreise. Die Ubersicht bei *Liebing* BB 1983, 667, für die Versicherungswirtschaft korrigierend *Sieg* BB 983,1187.
136. Ein auf Erfüllung lautendes Urteil brächte hier eine sinnlose Inanspruchnahme der staatlichen Vollstreckungsorgane; der Gläubiger soll stattdessen auf den vollstreckbaren Schadensersatzanspruch in Geld übergehen; *Brox/Walker* Schuldrecht AT, 36. Auflage 2012, Rn. 89, 363 f.
137. Palandt *Heinrichs,* 67. Auflage 2008, § 276 Rn. 35.
138. BGH, 29.01.2008 – VI ZR 70/07 = BGHZ 175, 152; BGHZ 175, 153; NJW 2008, 2033; MDR 2008, 564; NZBau 2008, 441; NZV 2008, 397; VersR 2008, 659; BauR 2008, 1313; ZfBR 2008, 1313.
139. BGH, 18.07.2008 – V ZR 71/07 = NJW 2008, 3059; MDR 2008, 1263; NZM 2008, 819; WM 2008, 1798; IMR 2008, 357.
140. *Funk/Wenn,* CR 2004, 481
141. Zur Wirksamkeit derartiger Haftungsausschlüsse nach Maßgabe des Uniform Commercial Codes. z. B. M.A: Mortenson v. Timberline Software Corporation, Supreme Court of Washington (140 Wash. 2.d. 568, 998 P.2d 305).
142. *Redeker* Handbuch der IT Verträge 1.5 Rn. 27
143. *Amann/Brambring/Hertel* Die Schuldrechtsreform in der Vertragspraxis, 1. Auflage 2002, S. 64 bb) Kein Haftungsausschluss für Körperschäden
144. BGH, 29.01.1975 – VIII ZR 101/73 = BGHZ 63, 382; NJW 1975, 642; MDR 1975, 750; WM 1975, 309; JR 1975, 239; BGH, 25.05.1983 – VIII ZR 55/82 = BGHZ 87, 302; NJW 1983, 2192; ZIP 1983, 948; MDR 1983, 838; WM 1983, 755.
145. Palandt *Heinrichs,* 72. Auflage 2013, § 138 Rn. 88 f.
146. *Brox/Walker* Schuldrecht AT, 36. Auflage 2012, Rn. 306.
147. Zum Beispiel bei Verzug oder Nichterfüllung

148. Palandt *Heinrichs,* 72. Auflage 2013, § 276 Rn 34.

149. *Brox/Walker* Schuldrecht AT, 36. Auflage 2012, Rn. 306.

150. Wann ein Sachmangel vorliegt, siehe Kapitel D. Serviceverträge

151. *Schellhammer,* Schuldrecht nach Anspruchsgrundlagen, 8. Auflage 2011, Rn. 102.

152. BGH, 11.06.1979 – VIII ZR 224/78 = BGHZ 74, 383; NJW 1979, 1886; MDR 1979, 1017; JR 1980, 22; BGH, 14.10.1966 – V ZR 188/63 = NJW 1967, 32; WM 1966, 1185; WM 1966, 1183; BGH, 23.04.1986 – VIII ZR 125/85 = NJW 1986, 2319; MDR 1986, 1017; WM 1986, 867.

153. *Schellhammer,* Schuldrecht nach Anspruchsgrundlagen, 5. Auflage 2003, Rn. 1642.

154. Palandt *Heinrichs,* 72. Auflage 2013, § 276 Rn 34.

155. BGH, 16.09.1970 – VIII ZR 239/68 = NJW 1970, 2017.

156. BGH, 29.01.1975 – VIII ZR 101/73 = BGHZ 63, 382; NJW 1975, 642; MDR 1975, 750; WM 1975, 309; JR 1975, 239; BGH, 25.05.1983 – VIII ZR 55/82 = BGHZ 87, 302; NJW 1983, 2192; ZIP 1983, 948; MDR 1983, 838; WM 1983, 755.

157. Palandt *Heinrichs,* 72. Auflage 2013, § 276 Rn 26.

158. *Wolf/Horn/Lindacher,* AGB-Gesetz: Gesetz zur Regelung des Rechts der Allgemeinen Geschäftsbedingungen, 4. Auflage 1999, § 1 Rn. 35.

159. Palandt *Heinrichs,* 67. Auflage 2008, § 309 BGB Rn. 48; *Stoffels* AGB-Recht, 2. Auflage 2009, Rn. 979 ff.;

160. *Stoffels* AGB-Recht, 2. Auflage 2009 Rn. 982.

161. BGH, 19.02.1998 – I ZR 233/95 = NJW-RR 1998, 1426; MDR 1998, 1403; VersR 1998, 1049; WM 1998, 2064; DB 1998, 2107.

162. *Ulmer/Brandner/Hensen,* 4. Auflage 1999, § 11 Nr. 7 AGBG Rn. 35 f.

163. BGH, 11.11.1992 – VIII ZR 238/91 = NJW 1993, 335; NJW-RR 1993, 564 (Ls.); ZIP 1993, 46; MDR 1993, 212; WM 1993, 24; BB 1992, 2460; DB 1993, 221; IBR 1993, 92; BGH, 19.01.1984 – VII ZR 220/82 = BGHZ 89, 363; NJW 1984, 1350; ZIP 1984, 457; MDR 1984, 482; BB 1984, 746;

BGH, 23.02.1984 – VII ZR 274/82 = NJW 1985, 3016; ZIP 1984, 971; MDR 1984, 1018; WM 1984, 1224; BB 1984, 939; ZfBR 1990, 134; ZfBR 1991, 20; BGH, 21.01.2000 – V ZR 327/98 = MDR 2000, 448; NJ 2000, 538; WM 2000, 1069.

164. Palandt *Heinrichs,* 61. Auflage 2001, § 11 AGBG Rn. 46.
165. *Stoffels* AGB-Recht, 2. Auflage 2009 Rn. 959 f.
166. BGH, 26.06.1991 – VIII ZR 231/90 NJW 1991, 2630 (2632); ZIP 1991, 1362; MDR 1992, 25; WM 1991, 1591; BB 1991, 1522; DB 1991, 2234; ZfBR 1996, 205; ZfBR 1992, 272; ZfBR 1991, 262; IBR 1992, 35; BGH, 12.01.1994 – VIII ZR 165/92 = BGHZ 124, 351; NJW 1994, 1060 (1066); NJW-RR 1994, 738 (Ls.); ZIP 1994, 461; MDR 1995, 260; WM 1994, 1121; BB 1994, 885; DB 1994, 2283.
167. BGH, 02.02.1994 – VIII ZR 262/92 = NJW 1994, 1004 (1005); NZV 1994, 272 (Ls.); BGH, 05.11.1997 – VIII ZR 274/96 = NJW 1998, 679; WM 1998, 518.
168. BGH, 09.04.1981 – VII ZR 194/80 = NJW 1981, 1510; ZIP 1981, 620; MDR 1981, 837; BB 1981, 935; DB 1981, 1719; BauR 1981, 378.
169. Paland *Heinrichs,* 72. Auflage 2013, § 309 Rn. 73; Erman BGB *Hefermehl/Werner,* 9. Auflage 1993, § 11 Nr. 10 AGBG Rn. 36.
170. *Stoffels* AGB-Recht, 2. Auflage 2009, Rn. 964.
171. BGH, 16.09.1970 – VIII ZR 239/68 = NJW 1970, 2017.
172. Palandt *Heinrichs,* 72. Auflage 2013, § 276 Rn 26.
173. MünchKomm *Basedow,* 4. Auflage 2000, § 11 Nr. 5 AGBG Rdn. 8.
174. BGH, 28.05.1984 – III ZR 231/82 = NJW 1984, 2941; ZIP 1984, 1324; MDR 1985, 299; WM 1984, 1174; BB 1984, 1829.
175. BGH, 16.01.1984 – II ZR 100/83 = NJW 1984, 2093 (2094); MDR 1985, 29; FamRZ 1984, 868; Ulmer/Brandner/Hensen, 4. Auflage 1999, § 11 Nr. 5 AGBG Rn. 14.
176. *Stoffels* AGB-Recht, 2. Auflage 2009 Rn. 893.
177. BGH, 06.11.1967 – VIII ZR 81/65 = BGHZ 49, 84; NJW 1968, 149; BGH, 08.10.1969 – VIII ZR 20/68 = NJW

1970, 29; VersR 1959, 1142; BGH, 30.06.1976 – VIII ZR 267/75 = NJW 1976, 1886; BGH, 24.04.1992 – V ZR 13/91 = NJW 1992, 2625; ZIP 1992, 939; MDR 1992, 965; DNotZ 1992, 659; WM 1992, 1411; DB 1992, 1774; DB 1992, 1174; IBR 1992, 463.

178. Zu den Möglichkeiten ndividualvertraglicher Regelungen von Vertragsstrafen siehe Kapitel C. Rn. (SLA)

179. Palandt *Heinrichs,* 72. Auflage 2013, § 276 Rn 26.

180. *Stoffels* AGB-Recht, 2. Auflage 2009 Rn. 886.

181. *Umer/Brandner/Hensen,* 4. Auflage 1999, § 11 Nr. 6 AGBG Rn. 17; *Wolf/Horn/Lindacher,* Wolf/Horn/Lindacher, AGB-Gesetz: Gesetz zur Regelung des Rechts der Allgemeinen Geschäftsbedingungen, 4. Auflage 1999, § 11 Nr. 6 AGBG Rn. 33; Staudinger-Coester-Waltjen BGB, § 11 Nr. 6 AGBG Rn. 27; Palandt *Heinrichs,* 72. Auflage 2013, § 309 BGB Rn. 38.

182. *Stoffels* AGB-Recht, 2. Auflage 2009 Rn. 916.

183. BGH, 29.02.1984 – VIII ZR 350/82 = NJW 1985, 53 (56); ZIP 1984, 841; MDR 1985, 223; WM 1984, 663; BB 1984, 1508.

184. *Wolf/Horn/Lindacher,* Wolf/Horn/Lindacher, AGB-Gesetz: Gesetz zur Regelung des Rechts der Allgemeinen Geschäftsbedingungen, 4. Auflage 1999, § 11 Nr. 6 AGBG Rn. 38.

185. *Stoffels* AGB-Recht, 2. Auflage 2009 Rn. 917.

186. OLG Frankfurt, 21.05.1985–5 U 206/84 = MDR 1985, 934; VersR 1986, 147; BB 1985, 1560.

187. BGH, 23.01.2003 – VII ZR 210/01 = BGHZ 153, 311; NJW 2003, 1805; ZIP 2003, 908; MDR 2003, 804; NZBau 2003, 321; NJ 2003, 363 (Ls.); WM 2003, 870; DB 2003, 1434; DB 2003, 1431; ZfBR 2003, 447; BauR 2003, 870; ZfBR 2003, 411; IBR 2003, 355; IBR 2003, 299; IBR 2003, 287; IBR 2003, 293; IBR 2003, 292; IBR 2003, 291.

188. BGH, 19.11.1999 – V ZR 321/98 = NJW 2000, 803; MDR 2000, 261; WM 2000, 578; BB 2000, 222; IBR 2000, 139.

189. *Schellhammer,* Schuldrecht nach Anspruchsgrundlagen, 5. Auflage 2003, Rn. 117.

190. Veraltet: BGH, 15.02.1955 – I ZR 108/53 = BGHZ 16, 307; NJW 1955, 585.

191. *Heymann/Lensdorf* in Redeker Handbuch IT Verträge 5.4 Rn. 486.

192. Palandt *Heinrichs,* 67. Auflage 2008, § 281 Rn. 10.

193. Palandt *Putzo,* 67. Auflage 2008, § 276 Rn. 29

194. Palandt *Putzo,* 67. Auflage 2008, § 443 Rn. 11

195. *Amann/Brambring/Hertel* Die Schuldrechtsreform in der Vertragspraxis, 1. Auflage 2002, S. 70.

196. Palandt *Putzo,* 67. Auflage 2008, § 444 Rn. 3, 4

197. Vgl. *Gronstedt/Jörgens* Zip 02, 52; *Daumer-Lieb/Thiessen* ZIP 02, 108 für Unternehmenskauf.

198. Fraglich ist, ob mit dem § 444 BGB nicht ein erheblicher Eingriff in die Vertragsfreiheit vorgenommen wird. Es gilt abzuwarten, wie die Rechtsprechung darüber entscheiden wird.

199. Siehe auch Kapitel D., Das Outsourcing-Vertragswerk IV. Nr. 1a

200. Z. B. *Westphalen,* ZIP 2002, 545.

201. *Hermanns,* ZIP 2002, 696 (698 ff.); so i. E. auch v. *Westphalen,* ZIP 2002, 545 (547 ff.).

202. *Stadler* ITRB 2004, 233.

203. So *Dauner-Lieb/Thiessen,* ZIP 2002, 108, die sich auch ausführlich mit der Entstehungsgeschichte der neuen Vorschriften befassen; Palandt *Heinrichs,* 72. Auflage 2013, § 276 Rn.29a.

204. *Stadler* ITRB 2004, 233.

205. *Lapp* ITRB 2003, 42 (44), der Klauselbeispiele gibt; s. a. *Redeker,* ITRB 2004, 84 (87).

206. BT-Drucks. 15/3483, 11.

207. BT-Drucks. 15/3483, 51 f.

208. *Stadler* ITRB 2004, 233.

209. BT-Drucks. 15/3483, 50.

210. BT-Drucks. 15/3483, 53.

211. *Seibt,* NZG 2004, 801 (803).

212. *Stadler* ITRB 2004, 233.

GPSR Compliance

The European Union's (EU) General Product Safety Regulation (GPSR) is a set of rules that requires consumer products to be safe and our obligations to ensure this.

If you have any concerns about our products, you can contact us on ProductSafety@springernature.com

In case Publisher is established outside the EU, the EU authorized representative is:

Springer Nature Customer Service Center GmbH
Europaplatz 3
69115 Heidelberg, Germany

The manufacturer's authorised representative in the EU is Springer
Nature Customer Service Centre GmbH, Europaplatz 3, 69115 Heidelberg,
Germany. If you have any concerns regarding our products, please
contact ProductSafety@springernature.com

Printed and bound by CPI Group (UK) Ltd, Croydon, CR0 4YY
24/04/2026
02096358-0003